地域連携による女性活躍推進の実践

持続可能な地域づくりに活かす行政と民間のつながり

独立行政法人 **国立女性教育会館** 編

悠光堂

はじめに

　国立女性教育会館は、昭和52年に設置された文部科学省所管の独立行政法人であり、我が国唯一の女性教育に関するナショナルセンターです。男女共同参画社会の形成の促進に資することを目的として、国、地方公共団体、男女共同参画センターや大学、企業等と連携を図りつつ、男女共同参画を推進する組織のリーダーや担当者を対象にした研修や教育・学習支援、専門的・実践的な調査研究や情報・資料の提供等を行っています。

　近年、「女性の活躍推進」は、男女共同参画推進のためのみならず持続可能な社会を維持していくためにも重要な政策課題として、各府省や地方公共団体、経済団体・企業、男女共同参画センター等で進められています。これらの取組は、産業・経済、労働など多様な分野にわたるため、様々な分野を含む連携体制を新たに構築することが欠かせません。本書は、この新たな連携の実践を地方公共団体や男女共同参画センター等の取組を中心にまとめたものです。

　調査研究の実施および本書の執筆にあたっては、多くの方々にアンケート調査やヒアリング調査にご協力いただきました。また、本書には、様々な分野において女性の活躍推進に先進的に取り組まれている機関や団体の方々にご寄稿いただきました。あらためて皆様に厚くお礼申し上げます。

　平成27年12月には「第4次男女共同参画基本計画」が策定されるとともに、平成28年4月から「女性の職業生活における活躍の推進に関する法律（女性活躍推進法）」が施行され、我が国における男女共同参画社会の実現に向けた取組は、新たな段階に入り、関係者の一層の努力が求められています。

　そうした背景のもと、本書が、地方公共団体や男女共同参画センターのご担当者の方々、またそれぞれの地域において女性の活躍推進に取り組まれる多くの方々に広くご活用いただけることを期待しています。

独立行政法人国立女性教育会館
理事長　内海　房子

本書のねらいと構成

　経済社会の大きな変化にともない、近年、喫緊の政策課題として、様々な分野において、多様な関連機関がかかわり、連携しながら女性の活躍推進が進められている。本書は、これらの取組のうち、特に地方公共団体や男女共同参画センターが主体的にかかわる実践について、その現状や課題、効果的な取組のためのポイント、および具体的な事例をまとめたものである。女性の活躍推進の効果的な取組には、関連機関の連携が不可欠であるが、連携をどのように進めていけばよいのかは、多くの関連機関にとっての課題でもある。本書では、多様な関係者が、それぞれの地域において、女性活躍推進の取組を進める際の参考となることをねらいとして、この連携をはじめ、取組を進めるにあたって留意すべき課題を整理し、必要となる視点等を提示した。

　本書は2部から構成されている。
　第Ⅰ部は、取組を進めるにあたって留意すべき課題についての総論である。
　第1章では、女性活躍推進の政策的背景について概観している。これまで、女性を対象とした施策は、地方公共団体のなかでは主に男女共同参画担当部局が進めてきた。本章では、新しい女性活躍推進の施策と、男女共同参画推進にかかわる施策との関連性についても検討する。
　第2章では、女性活躍推進の取組に必要な新たな連携をどのように進めていけばよいのか、そのポイントを提示する。持続可能な地域づくりのための官民等による連携・協働は、女性活躍推進だけではなく、他の様々なテーマでも課題となっている。本章では、他のテーマも含めた地域における官民等による連携・協働について、最近の論点の動向を整理している。地域づくりにおける具体的事例も示しながら、連携・協働の効果的な進め方についても検討されており、女性活躍推進の取組にあてはめて活用することが可能である。
　第3章では、第2章の官民など異なる機関の間の連携に対し、地方公共団体の庁内の関係づくりの現状と課題について検討している。近年の女性の活躍推進にかかわる施策では、男女共同参画担当部局に限らず、商工労働分野、産業振興分野、農林水産分野、子育て支援分野等、多様な部局が、関連する事業に取り組み始めている。効率的かつ効果的な事業展開に向けては、庁内の各部局が横断的に連携し、情報共有や協働をしていく必要がある。庁内連携は、官民の連携とともに、地方公共団体の職員のとっての大きな課題であるため、本書ではこれをテーマの1つとした。
　第4章では、男女共同参画推進の拠点として、地方公共団体の男女共同参画担当部局および男女共同参画センターが果たす役割について整理している。女性に対する支援は、従来はこれらの機関が行ってきたが、女性活躍推進にかかわる施策では、様々な分野の関連機関が取組を行うようになっている。地域において、新たな官民連携、新たな庁内連携が求められるなか、男女共同参画推進の拠点としての役割は何なのかを示している。

第5章は、人口、労働、子育て環境・教育、男女共同参画施策、意識の分野にかかわる基礎的な統計データについて、日本地図を色分けすること等によって都道府県別に示した。それぞれの分野の状況を都道府県で比べる際のめやすとなるため、グループワークなどで活用し、都道府県によってなぜそのような差があるのか、差が生じた社会的背景は何なのか等を考える際の参考になるだろう。

　第Ⅱ部では、地域連携による女性活躍の取組について、実践事例を取り上げる。全国の地方公共団体や経済団体、男女共同参画センター等における実践事例について、第Ⅰ部の各章で述べた論点、つまり、女性の活躍推進における、①施策との関連や男女共同参画社会の形成の観点からの意義（第1章）、②効果的な行政と民間の連携のための工夫（第2章）、③効果的な庁内連携のための工夫（第3章）、④地方公共団体の男女共同参画担当部局や男女共同参画センターが果たす役割（第4章）の4点に特に着目しつつ、実践を紹介する。各事例の記述では、女性を支援する細かなプロセスや工夫等を丁寧に描くよう試みた。取組は、取組の分野や連携先によって次の5つに分けて示す。

　　第1章　官民のネットワークを活かし、働く場の変革を広げる（経済、企業）
　　第2章　「働く」に至るプロセスをきめ細かく支え、女性の力を地域で活かす（就労、起業）
　　第3章　農業・漁業に携わる女性の活動を推進し、地域活性化につなげる（農業・漁業）
　　第4章　社会課題の解決に取り組む大学生を育てる（大学生）
　　第5章　防災と災害復興に女性の視点を反映するための基盤をつくる（防災・災害復興）

　それぞれの章において、1つから3つの地域の実践事例を取り上げている。また、各章にコラムを設け、民間の企業やNPO法人、団体、大学が主体となって進めている取組の実践について、各機関に執筆いただいている。

　巻末に資料として、「第4次男女共同参画基本計画」および「女性の職業生活における活躍の推進に関する法律（女性活躍推進法）」（いずれも概要）を掲載した。

目　次

はじめに……………………………………………………………………………………… 2

本書のねらいと構成 ……………………………………………………………………… 3

第Ⅰ部　〔総論〕女性活躍推進の現状と課題

第1章　地域における女性の活躍推進と男女共同参画社会の実現 ………… 8

　1　「女性活躍推進」政策の動向 ………………………………………………… 8

　2　女性の活躍推進による経済再興・地域社会の活性化と男女共同参画社会の実現 …… 16

第2章　地域の様々な主体と連携・協働を進めるポイント ………………… 18

　1　女性活躍推進のなかで求められる連携・協働 …………………………… 18

　2　官民の連携・協働に関する論点 …………………………………………… 19

　3　地域との連携・協働を効果的に進める方法 ……………………………… 24

　4　女性活躍推進における連携・協働の特徴 ………………………………… 29

第3章　地方公共団体における庁内連携の現状と課題 …………………… 33

　1　女性活躍推進施策が求められる社会的背景 ……………………………… 33

　2　地方公共団体における庁内連携の現状と課題 …………………………… 37

　3　地方公共団体における女性活躍推進体制の整備に向けて ……………… 39

第4章　男女共同参画推進の拠点の役割 …………………………………… 41

　1　男女共同参画担当部署の位置づけ ………………………………………… 41

　2　男女共同参画センターの役割 ……………………………………………… 42

　3　男女共同参画担当部署と男女共同参画センターをめぐる新たな動き … 46

　4　今後の課題 …………………………………………………………………… 47

第5章　図表でみる都道府県のすがた ……………………………………… 49

　1　男女共同参画にかかわる現状 ……………………………………………… 49

　2　男女共同参画にかかわる意識 ……………………………………………… 62

第Ⅱ部　〔実践〕地域連携による女性活躍推進の取組

第1章　官民のネットワークを活かし、働く場の変革を広げる……………… 66

　1　企業等の経営者による「同盟」結成や県域のネットワークを活用した取組の普及

　　　　広島県健康福祉局働く女性応援課の取組 ………………………………… 69

　2　経済団体が主導して地域の多様な機関を巻き込み、連携体制を構築して事業を展開

　　　　一般社団法人愛媛県法人会連合会の取組 ………………………………… 74

　3　企業で働く女性のリーダー育成とネットワーク形成を支援

　　　　札幌市男女共同参画センターの取組 ……………………………………… 78

　COLUMN 1　行内・地域・業界・企業等においてネットワークを構築し、

　　　　経営戦略としてのダイバーシティを推進

　　　　千葉銀行の取組………………………………………………………………… 82

第2章　「働く」に至るプロセスをきめ細かく支え、女性の力を地域で活かす …… 88

1　子育て中の女性のニーズと社会課題に対応したワンストップサービスの提供

京都府府民生活部男女共同参画課の取組 ………………………………… 91

2　働きづらさ、生きづらさを抱える若年単身女性の就労への一歩を後押し

公益財団法人横浜市男女共同参画推進協会の取組 …………………… 97

3　女性の起業をきめ細かく支援し、だれもが暮らしやすい地域づくりを広げる

もりおか女性センターの取組 …………………………………………… 103

COLUMN2 育児休業期間を使ったビジネス能力開発プログラム

育休プチ MBA の取組 …………………………………………… 108

第3章　農業・漁業に携わる女性の活動を推進し、地域活性化につなげる ……… 114

1　女性の支援に特化した体制をつくり、統一ブランド認定等、農山漁村女性の活動を支援

山口県農林水産部農山漁村・女性対策推進室の取組 …………… 116

2　住民参加のワークショップで人材を掘り起し、活動を後押し

山形県の取組 …………………………………………………… 120

COLUMN3 農を営む女性の生き方を模索し、提案・提言する「日本の田舎をつなぐ」
ネットワーク

NPO 法人田舎のヒロインズの取組 ………………………… 126

第4章　社会課題の解決に取り組む大学生を育てる ……………………………… 130

1　中学生の学習支援活動を支えることを通して大学生のキャリア形成を支援

静岡市女性会館の取組 …………………………………………… 131

2　中高生にデート DV 防止を伝える大学生のファシリテーターを養成

世田谷区立男女共同参画センターの取組 ………………… 134

COLUMN4 男女共同参画の視点に立って考え、行動できる学生の育成

福岡女子大学の取組 …………………………………………… 139

第5章　防災と災害復興に女性の視点を反映するための基盤をつくる ………… 143

1　被災女性に寄り添った支援を経て、地域に参画する女性リーダーを育成

（公財）せんだい男女共同参画財団と特定非営利活動法人イコールネット仙台の取組 ……… 144

COLUMN5 防災・災害復興およびレジリエンスの構築に向けた政策の提言

男女共同参画と災害・復興ネットワークの取組 ……………… 153

資料

第4次男女共同参画基本計画〔概要〕………………………………………… 161

女性の職業生活における活躍の推進に関する法律（女性活躍推進法）〔概要〕 ………… 163

執筆者一覧 ………………………………………………………………………… 165

第 I 部

総論
女性活躍推進の現状と課題

第Ⅰ部

第1章

地域における女性の活躍推進と男女共同参画社会の実現

森　ます美

　本章では、近年の「女性活躍推進」政策の展開を追い、「女性の活躍」とは何か、その政策目標と課題を確認し、経済再興戦略としての女性の活躍推進と男女共同参画社会の実現との関連を考える。対象とする「女性活躍推進」政策を、1「日本再興戦略」と女性の活躍推進、2 すべての女性が輝く社会づくり本部の創設と政策展開、3 地方創生と女性の活躍推進、4「第4次男女共同参画基本計画」の策定、5 女性活躍から一億総活躍社会の実現へ、に区分して述べる。

■ 「女性活躍推進」政策の動向

(1)「日本再興戦略」と女性の活躍推進

若者・女性活躍推進フォーラム

　平成24年12月に発足した第2次安倍内閣は、翌年2月に「女性の活躍」を政策課題に掲げた「若者・女性活躍推進フォーラム」をスタートさせた。安倍総理大臣、森まさこ女性活力・子育て支援担当大臣等をメンバーとする同フォーラムは、平成25年2月〜5月にかけて8回開催され第8回の5月19日に「我が国の若者・女性の活躍推進のための提言」を発表した。

　「提言」は、「日本経済再生のためには産業競争力強化と、それを支える雇用や人材等に関する対応強化を車の両輪として進めることが欠かせず、特に若年者や女性の雇用問題等に対してしっかりとした処方箋を提示していくことが喫緊の課題である」と述べ、女性に関する課題では就業率における「M字型カーブ問題」の解消と管理職等への女性の登用促進を挙げている。

　これらに対する施策として「提言」は、第1に、企業は女性の登用状況の開示促進（見える化）を図り、全上場企業で役員に1人は女性を登用すること、第2に、女性のライフステージに対応した活躍支援策として育児休業や短時間勤務等、多様な働き方の促進および職場環境の整備、次世代育成支援対策推進法の延長・強化の検討、再就職に向けたスキルアップ支援、起業等チャレンジに向けた支援、第3に、男女が共に仕事と子育て・生活を両立できる環境の整備、ワーク・ライフ・バランスの推進、多様で柔軟な働き方の普及、男性の働き方の見直しや意識改革の促進、待機児童解消加速化プラン（40万人分の保育の受け皿の確保）の推進等を提示した。

「日本再興戦略― JAPAN is BACK」　平成 25 年 6 月 14 日

　若者・女性活躍推進フォーラムの「提言」が示した女性の活躍推進に向けての施策は、同年 6 月に閣議決定された「日本再興戦略」にそのまま組み込まれている。安倍内閣は、日本経済の再生に向けて第一の矢（金融政策）、第二の矢（財政政策）と並んで第三の矢に「成長戦略」（日本再興戦略）を掲げ、その中核に「日本産業再興プラン」を据えた。「女性の活躍推進」は、経済のグローバル化と少子高齢化のなかで働き手の数(量)の確保と労働生産性(質)の向上の実現、「全員参加型の社会」の構築を目指す「雇用制度改革・人材力の強化」の一環に位置づけられている。

　「女性の活躍推進」に係わる成果目標（KPI：Key Performance Indicator）には、「2020 年に女性の就業率（25 歳から 44 歳）73％（現状 68％）」の達成と、そのための「約 40 万人分」（平成 29 年度末）の保育の受け皿の確保による「待機児童ゼロ」が掲げられている。

「日本再興戦略 改訂 2014 ― 未来への挑戦―」　平成 26 年 6 月 24 日

　「未来への挑戦」を副題とした「日本再興戦略 改訂 2014」では、主要施策として、「女性の活躍加速化のための新法の制定」が登場している。

　「日本再興戦略」における 3 つの成果目標（KPI）[1]の進捗状況を踏まえ、「女性の活躍推進」のために新たに講ずべき 11 項目の具体的施策が提示された。「企業等における女性の登用を促進するための環境整備」として前掲の女性の活躍推進に向けた「新法」の構築と並んで、「国家公務員における女性職員採用・登用の拡大」や「女性活躍応援プラン」の策定と関係省庁からなる推進会議の立ち上げ、「女性活躍応援プランサイト（仮称）」の開設や学び直しの地域ネットワークの創設、また、企業トップや管理職の意識改革を推進するとともに、各地域において女性応援会議の開催、経済団体等による連携プラットフォーム整備、企業現場の取組支援等、女性登用の推進のための枠組の構築が課題となっている。

「日本再興戦略 改訂 2015―未来への投資・生産性革命―」　平成 27 年 6 月 30 日

　「アベノミクス第二ステージ」を謳う「日本再興戦略 改訂 2015」の主要施策は、「未来投資による生産性革命」と「ローカル・アベノミクスの推進」である。この背景には、人口減少社会の到来と東京と地方の大きな経済格差がある。

　「女性の活躍推進」は、「日本再興戦略」と同じく「雇用制度改革・人材力の強化」で扱われている。「改訂 2015」に掲げられた「新たに講ずべき具体的施策」には、「『待機児童解消』に向けた施策の確実な実行」、「長時間労働の是正や柔軟な勤務形態の導入等に向けた企業の取組促進」、「女性が働きやすい制度等への見直し」（税制、社会保障制度、配偶者手当等の在り方）、「家事支援環境の拡充」、「女性の『暮らしの質』の向上」が挙がっている。そして同月に策定された「女

1　3 つの成果目標（KPI）とは、「2014 年度末までに約 20 万人分、2017 年度末までに約 40 万人分の保育の受け皿を拡大し、待機児童の解消を目指す」、「2020 年に女性の就業率（25 歳から 44 歳）を 73％（現状 68％）にする」、「2020 年に指導的地位に占める女性の割合 30％」である。

性活躍加速のための重点方針 2015」に基づき、女性参画の拡大に向けた取組や、社会の課題解決を主導する女性の育成、女性活躍のための環境整備等を推進すると結んでいる。

「日本再興戦略 改訂 2016―第 4 次産業革命に向けて―」 平成 28 年 6 月 2 日

「日本再生戦略 改訂 2016」では、「アベノミクス第二ステージ」の使命として、「新たな『有望成長市場』の戦略的創出」、「人口減少に伴う供給制約や人手不足を克服する『生産性革命』」、「新たな産業構造を支える『人材強化』」の 3 つの課題を挙げている。そして、IoT（Internet of Things）、ビッグデータ、人工知能、ロボット・センサーの技術的ブレークスルーを活用する「第 4 次産業革命」が、今後の生産性革命を主導する最大の鍵であると強調している。

「女性の活躍推進」は、「多面的アプローチによる人材の育成・確保等」で扱われている。「新たな講ずべき具体的施策」には、「ダイバーシティ経営の実践の促進」、「待機児童解消に向けた取組強化」、「女性が働きやすい制度等への見直し」が提示されている。そして、女性活躍推進法の 4 月からの全面施行、および「女性活躍加速のための重点方針 2016」に基づき、非正規雇用の女性の待遇改善、テレワークの推進を含めた多様な働き方の推進、男性の暮らし方・意識の変革等の取組を推進することとなっている。

（2）すべての女性が輝く社会づくり本部の創設と政策展開

平成 26 年 9 月 3 日に組閣された第 2 次安倍改造内閣では女性活躍担当大臣が創設され、有村治子参議院議員が就任した。同大臣は内閣府特命担当大臣を兼務し「男女共同参画」も担当したが、「女性活躍」担当と「男女共同参画」担当との明確な説明はされていない。

この 1 か月後の 10 月 3 日に、「様々な状況に置かれた女性が、自らの希望を実現して輝くことにより、我が国最大の潜在力である『女性の力』が十分に発揮され、我が国社会の活性化につながるよう、内閣に、すべての女性が輝く社会づくり本部」[2]が設置された。

女性の活躍推進の専担部局である同本部は、これまでに、①「すべての女性が輝く政策パッケージ」の取りまとめ（平成 26 年 10 月 10 日）、②「女性活躍加速のための重点方針 2015」の決定（平成 27 年 6 月 26 日）、さらに③「女性の職業生活における活躍の推進に関する法律」（以下、女性活躍推進法と略）の制定（平成 27 年 8 月 28 日成立）と、同法第 5 条に基づく④「女性の職業生活における活躍の推進に関する基本方針」の策定（平成 27 年 9 月 25 日閣議決定）等を担当している。

2 　出所は、平成26年10月3日閣議決定された「すべての女性が輝く社会づくり本部の設置について」による。同本部の本部長は内閣総理大臣、副本部長は内閣官房長官と女性活躍担当大臣、本部員は他のすべての国務大臣で構成される。同本部の事務局として内閣官房に平成 26 年10月15 日にすべての女性が輝く社会づくり推進室が置かれた。

地域における女性の活躍推進と男女共同参画社会の実現　**Ｉ-1**

「女性活躍加速のための重点方針 2015」　平成 27 年 6 月 26 日

　「日本再興戦略 改訂 2015」と同時期に策定された「女性活躍加速のための重点方針 2015」[3]は、その冒頭で、「人口減少社会を迎える中で、我が国の持続的成長を実現し、社会の活力を維持していくためには、最大の潜在力である『女性の力』の発揮が不可欠である。『女性の力』の発揮は、企業活動、行政、地域社会等の現場に多様な視点や創意工夫をもたらすとともに、社会の様々な課題の解決を主導する人材の層を厚くし、女性のみならず、すべての人にとって暮らしやすい社会づくりにつながる」と謳っている。

　「重点方針 2015」は、重点的に取り組むべき事項に、1 行政・経済・司法・教育・農業分野における政策・方針決定過程への女性参画拡大に向けた取組、2 社会の様々な課題の解決を主導する女性の育成、3 女性活躍のための環境整備、4 暮らしの質の向上のための取組、5 女性活躍の視点からの予算編成過程における総合調整の推進を挙げている。

　第 3 の柱である「女性活躍のための環境整備」に着目すると、1 女性の活躍を支援する税制・社会保障制度等に向けた検討、2 長時間労働の削減等の働き方改革、3 キャリアの断絶を防ぐための継続就業支援、非正規雇用への対応、4 地域社会における女性の活躍推進、5 家事・育児など、家庭生活における男性の主体的参画の促進、6 困難を抱えた女性が安心して暮らすための環境整備が課題となっている。特に地域社会における女性の活躍推進のためには、リーダーとしての女性の参画を促進するとともに、地域での女性の働く場の確保、女性の起業を支援する体制の整備（地域の金融機関、創業・産業支援機関、地元企業、起業経験者等の様々な関係者の連携）等が課題とされている。

「女性活躍推進法」の制定　平成 27 年 8 月 28 日

　平成 27 年 8 月 28 日に成立した「女性の職業生活における活躍の推進に関する法律（女性活躍推進法）」は、女性の職業生活における活躍を推進するために、事業主等の責務並びに支援措置等について定めることにより、男女の人権が尊重され、社会経済情勢の変化に対応できる豊かで活力ある社会を実現することを目的としている。

　法の目玉は、平成 28 年 4 月の施行と同時に、雇用者数 301 人以上の企業と、事業主としての国や地方公共団体に、女性の活躍推進に向けた「行動計画」の公表が義務づけられたことである（300 人以下の事業主は努力義務）。具体的には、事業主は、1 自社の①採用者に占める女性比率、②勤続年数の男女差、③男女の労働時間の状況、④管理職に占める女性比率について把握し、女性社員の置かれた状況の課題を分析する。2 その結果を踏まえて、女性の活躍に向けた「行動計画」の策定（「数値目標」や「取組内容」等を盛り込む）、都道府県労働局への届出、雇用者への周知と外部への公表、さらに 3 自社の女性の活躍に関する情報（①～④および任意項目）の

3　平成27年に初めて取りまとめられた「女性活躍加速のための重点方針」は、今後、毎年6月をめどに決定し、各府省の概算要求への反映を図っていくことが明記されている。

11

定期的な公表が義務として求められていることである。

　企業による女性の活躍状況の「情報公開」と「行動計画」策定・公表の義務化は、法によって強制されなければ変化しない日本社会の反映ともいえるが、画期的なことである。しかし、従業員数300人未満の企業が我が国企業の99.4%を占め、ましてや中小企業・小規模事業者がその主要な担い手である地域経済においては、法の効果は限定されるものの、「努力義務」対象の中小企業等への支援によって男女共同参画の推進と地域経済の活性化に本法を有効に活用していくことが求められる。

「女性活躍加速のための重点方針2016」　　平成28年5月20日

　「女性活躍加速のための重点方針2016」の冒頭では、4月に「女性活躍推進法」が完全施行されたことから、女性活躍推進は新たなステージに入ったとしている。前年12月の「第4次男女共同参画基本計画」の閣議決定とあわせ、今後は、女性活躍推進法や基本計画で定めた制度的枠組や施策体系に基づき、まずは国における女性活躍の具体的取組をこれまで以上に加速させていかねばならないとしている。

　今後重点的に取り組むべき事項として、1 あらゆる分野における女性の活躍、2 女性の活躍を支える安全・安心な暮らしの実現　3 女性活躍のための基盤整備の3つの柱を掲げている。

（3）地方創生と女性の活躍推進

「まち・ひと・しごと創生総合戦略」　　平成26年12月27日

　我が国の人口減少とそれに伴う地域経済の縮小を克服し、地域社会の課題解決によって地方創生を目指す「まち・ひと・しごと創生総合戦略」が平成26年12月に策定された。

　「総合戦略」は「しごとの創生」において「付加価値の高い新たなサービス・製品を創出するには、多様な価値観を取り込むことが重要で、この点からも女性の活躍が不可欠である」と謳い、地域において「女性が活躍する場をつくることは、女性がその地域に魅力を感じ、居場所を見出し、住み続けることにつながる」ことから、若者や女性のための「地方における安定した雇用の創出」、「しごと」づくりを基本目標の一番目に据えている。そして「政策パッケージ」では、「地域における女性の活躍を迅速かつ重点的に推進するため、多様な主体による連携体制の構築や女性活躍推進のためのワンストップ支援体制の整備など、身近な地方公共団体が行う、地域の実情に応じた取組を進め」、各地域における女性就業率および指導的地位に占める女性の割合を着実に高めることを目指している。

　とはいえ、女性の活躍による地方創生の推進施策について「総合戦略」はこれ以上に具体的には語ってはいない。むしろこれを詳細に論じたのが、男女共同参画会議基本問題・影響調査専門調査会による「地域経済の活性化に向けた女性の活躍促進について～多様な主体による女性活躍

のための支援ネットワークの構築を～」（以下、「専門調査会報告」と省略）である。専門調査会からの報告にとどまるが、その内容は地域における女性の活躍推進にとっては示唆的である。

「地域経済の活性化に向けた女性の活躍促進について～多様な主体による女性活躍のための支援ネットワークの構築を～」　平成 26 年 4 月（男女共同参画会議基本問題・影響調査専門調査会）

　「専門調査会報告」は、「地域経済の活性化にとって、女性の活躍が鍵となる」と述べる。現状では、女性の労働力率や管理職の女性比率、女性による起業・創業の状況等は、地域によって異なり、さらに地域では我が国の企業の 99％以上を占める中小企業・小規模事業者や農林水産業が雇用を創出し、地域の資源を活用して地域経済を支えていると、その特性を指摘する。

　このような地域特性を踏まえると、地域において女性活躍の効果的な施策を推進するためには、地方公共団体において「男女共同参画担当部局のみならず経済担当部局、農林水産担当部局や地域の団体等、様々な主体と連携・協働し、地域の実情に応じた取組が必要」であり、様々な主体の「連携・協働の推進役として、地方公共団体、特に都道府県が果たす役割が重要である」と述べている。

　女性活躍推進の都道府県および市区町村における取組の現状と課題を分析した後に、今後、地域経済の活性化に向けた女性の活躍を推進するうえで必要な観点として、「1　地域の実情に応じた地域に根差した取組の展開」、「2　両立支援に加え登用促進により女性の活躍を実現」する、「3　多様な主体による女性活躍のための支援ネットワークの構築」という 3 点を挙げている。特に支援ネットワークの構築に関しては、これから地域に求められるのは、「単なる情報共有のための連携体制ではなく、それぞれの主体が連携し、課題を共有し、協働して事業を推進していく新しいネットワーク」であること、これには、「地方公共団体の商工担当等の経済担当部局、農林水産業等の農林水産担当部局はもちろん、従来型の男女共同参画社会づくりでは必ずしも主要なプレーヤーとしては位置づけられてこなかった商工会・商工会議所等の地域経済団体、地域銀行、信用金庫、信用組合等の地域金融機関、農業協同組合、森林組合、漁業協同組合等の農林水産団体、経済産業局、労働局等の国の地方機関、地域経済をけん引している個別の主要な企業、地域資源と市場ニーズ等とのマッチング等を行っている NPO 等の参加が不可欠である。それぞれの主体がその得意とする役割を自主的に果たしつつ、緊密な連携・協働の下、全体として隙間のない横断的・総合的な支援体制を構築することが必要である」と強調している。

（4）「第 4 次男女共同参画基本計画」の策定

「第 4 次男女共同参画基本計画」　平成 27 年 12 月 25 日

　「男女共同参画社会基本法」第 13 条に基づいて「第 4 次男女共同参画基本計画」（以下「第 4 次基本計画」という）が平成 28 年からスタートした。それに先立ち公表された「第 4 次男女共

同参画基本計画策定に当たっての基本的な考え方」（平成27年12月1日）は、「第4次基本計画」の「策定方針」において、施策の12の個別分野を政策目的に応じて3つの政策領域に体系化すると述べ、その第1の領域に「Ⅰ あらゆる分野における女性の活躍」を置いている[4]。さらに第1分野として置かれた「『男性中心型労働慣行等の変革と女性の活躍』を女性の活躍推進とともに、男女ともに暮らしやすい社会を実現するために特に必要な要素として計画全体にわたる横断的視点として冒頭に位置づけ、職場、地域、家庭等あらゆる場面における施策を充実する」と強調している。

　平成27年12月25日に閣議決定された「第4次基本計画」は、「第1部 基本的な方針」の冒頭で「女性も男性も全ての個人が、互いにその人権を尊重し、喜びも責任も分かち合いつつ、性別に関わりなく、その個性と能力を十分に発揮できる男女共同参画社会の実現は、少子高齢化が進み、人口減少社会に突入した我が国社会にとって、社会の多様性と活力を高め、我が国経済が力強く発展していく観点や、男女間の実質的な機会の平等を担保する観点から極めて重要であり、社会全体で取り組むべき最重要課題である」と述べ、「女性活躍推進法」の成立によって「我が国における男女共同参画社会の実現に向けた取組は新たな段階に入った」と指摘している。

　さらに、「第1分野 男性中心型労働慣行等の変革と女性の活躍」の「基本的考え方」において、「女性の活躍が進むことは、女性だけではなく、男女が共に仕事と生活を両立できる暮らしやすい社会の実現にもつながるものであり、男女共同参画社会の実現のため、引き続き、あらゆる分野における女性の活躍を強力に推進していかなければならない」と述べている。

　以上の一連の記述から明らかなように、「女性の活躍推進」と「男女共同参画社会の形成」との関係は、あらゆる分野における女性の活躍推進が男女共同参画社会の実現を推し進め、反対に、我が国の経済を力強く発展させ、男女間の実質的な機会の平等を確保する男女共同参画社会の実現には女性の活躍を強力に推進することが必須であるという相互の関係に置かれている。

　「第4次基本計画」の第1領域における「女性の活躍」の「あらゆる分野」は、「第1分野 男性中心型労働慣行等の変革と女性の活躍、第2分野 政策・方針決定過程への女性の参画拡大、第3分野 雇用等における男女共同参画の推進と仕事と生活の調和、第4分野 地域・農山漁村、環境分野における男女共同参画の推進、第5分野 科学技術・学術における男女共同参画の推進」の5分野で構成されている。

　特に、地域経済の活性化にとって鍵となる「女性の活躍」との関連で「第4分野 地域・農山漁村、環境分野における男女共同参画の推進」に着目すると、PTA、自治会・町内等、地域に根差した組織・団体における政策・方針決定過程への女性の参画の拡大が挙がっている。一方、地方公共団体に対しては、「まち・ひと・しごと創生総合戦略」に基づき、地方創生に向けて女性の活躍の重要性を踏まえた取組の実施、さらに女性活躍推進法を踏まえた女性の活躍推進計画の策定と、

4　「第4次基本計画」の「第2部 施策の基本的方向と具体的な取組」は3つの政策領域で構成されている。第一の領域は「Ⅰ あらゆる分野における女性の活躍」（第1分野～第5分野）、第二の領域は「Ⅱ 安全・安心な暮らしの実現」（第6分野～第8分野を含む）、第三の領域は「Ⅲ 男女共同参画社会の実現に向けた基盤の整備」（第9分野～第12分野）である。これに「Ⅳ 推進体制の整備・強化」が加わっている。

国、地方公共団体、地域経済団体、地域金融機関、農林水産団体、NPO 等の地域における多様な主体による連携体制の整備が求められている。

「第 4 次基本計画」の「IV 推進体制の整備・強化」では、「男女共同参画の視点を取り込んだ政策の企画立案・実施」の推進体制、地域における男女共同参画を推進するための「地方公共団体や民間団体等における取組の強化」の重要性を指摘している。具体的には、「地方公共団体、国立女性教育会館、男女共同参画センター、NPO、NGO、地縁団体、大学、企業、地域経済団体、労働組合、地域金融機関、農林水産団体等の地域における多様な主体の連携・協働」の促進を挙げ、なかでも男女共同参画センターは、「男女共同参画の視点から地域の課題を解決する実践的活動の場として、男女共同参画を推進する上で重要な役割を果たしている」と位置づけている。

（5）女性活躍から一億総活躍社会の実現へ

「一億総活躍社会の実現に向けて緊急に実施すべき対策 ―成長と分配の好循環の形成に向けて―」
平成 27 年 11 月 26 日

「第 4 次男女共同参画基本計画」の閣議決定に 1 か月ほど先行して、平成 27 年 10 月 7 日に発足した第 3 次安倍改造内閣の目玉プランとして登場したのが「一億総活躍社会の実現」である。「一億総活躍担当大臣」が新設され、初代大臣に加藤勝信衆議院議員が就任した。加藤大臣は、内閣府特命担当大臣として「少子化対策」ならびに「男女共同参画」を担当し、これ以外にも「女性活躍担当、再チャレンジ担当、拉致問題担当、国土強靱化担当」大臣を兼務している。あわせて閣僚と有識者からなる「一億総活躍国民会議」が設置され、第 3 回一億総活躍国民会議（平成 27 年 11 月 26 日）において「一億総活躍社会の実現に向けて緊急に実施すべき対策 ― 成長と分配の好循環の形成に向けて―」（以下、「対策」という）が策定された。

「対策」によれば、一億総活躍社会とは、「若者も高齢者も、女性も男性も、障害や難病のある方々も、一度失敗を経験した人も、みんなが包摂され活躍できる社会」である。一億総活躍社会の実現に向けて新たな 3 つの目標、「名目 GDP 600 兆円」、「希望出生率 1.8」、「介護離職ゼロ」が設定され、その実現のために、新たな 3 つの矢、「第一の矢（希望を生み出す強い経済）」、「第二の矢（夢をつむぐ子育て支援）」、「第三の矢（安心につながる社会保障）」が放たれることとなった。

第 3 次安倍改造内閣によって突然に政策の前面に躍り出た「一億総活躍社会」旋風のなかで、「女性の活躍推進」について、「対策」では、「女性」は「『GDP 600 兆円』の強い経済実現に向けた当面の緊急対策」のなかに「女性・若者・高齢者・障害者等の活躍推進」として位置づけられている。政府は、平成 28 年 5 月に「ニッポン一億総活躍プラン」の取りまとめを目指している。一億総活躍社会の実現は、女性の活躍推進や男女共同参画社会の形成とどのようにかかわっていくのか注視したい。

❷ 女性の活躍推進による経済再興・地域社会の活性化と男女共同参画社会の実現

　近年の我が国における「女性活躍推進」政策の展開を追ってきたが、諸政策が共有する特性および政策目標は次のように捉えられよう。

経済再興戦略としての女性の活躍推進

　経済のグローバル化と少子高齢化による人口減少社会の到来のなかで、「我が国の持続的成長を実現し、社会の活力を維持していくためには、国民一人ひとりが、その個性に応じた多様な能力を発揮できる社会の構築が不可欠である。特に、女性は最大の潜在力であり、その能力が十分生かされていかなければならない」（「女性活躍加速のための重点方針2016」）として、「成長戦略」の中核におかれた「女性活躍推進」政策は、その意図からして日本経済再興を担う経済成長政策の一環に位置づくものである。

　「女性の活躍」は、成果目標（KPI）の1つ、「2020年の女性の就業率（25歳から44歳）73％」に象徴されるように、労働市場における働き手としての活躍である。しかし、それは単に労働力人口（量）としてのみではない。「女性の力の発揮」によって、企業活動、行政、地域社会等の現場に多様な視点や創意工夫をもたらし、多様な価値観によって付加価値の高い新たなサービス・製品を創出（しごとの創生）する等、社会の活力を維持・向上させる役割を担う。管理職への女性の登用、女性による起業・創業は、経済再生の主要な政策課題となっている。

女性の活躍による地域社会の活性化

　日本経済の再興戦略としての女性の活躍推進は、人口減少と地域経済の縮小、都市圏との経済格差が拡大する地方においてより差し迫った政策課題となっている。女性の活躍推進による地域社会の活性化を目指す「まち・ひと・しごと創生総合戦略」は、地方に若者や女性のための安定した雇用を創出し、女性に活躍する場を提供することによって、女性が地域に居場所を見出し、住み続ける「しごと」づくりを基本目標に据えている。

　地域では中小企業・小規模事業者や農林水産業が雇用を創出し、地域経済を支えている。このような特性を有する地域において女性活躍の効果的な施策を推進するためには、地方公共団体において「男女共同参画担当部局のみならず経済担当部局、農林水産担当部局や地域の団体等、様々な主体と連携・協働し、地域の実情に応じた取組」が重要となっている。

連携・協働の新しいネットワークの構築

　経済の再興、地域経済の活性化に向けた女性の活躍推進は、その目標に相応しい多様な主体による連携・協働の新しい支援ネットワークの構築を必要としている。具体的には、「単なる情報

共有のための連携体制」ではなく、女性の活躍と経済活性化の課題を共有し、それぞれの連携主体が「協働して事業を推進していく新しいネットワーク」の構築である。連携・協働の範囲は、地方公共団体の男女共同参画担当部局や男女共同参画センターにとどまらず、経済担当部局や農林水産担当部局、さらに従来型の男女共同参画社会づくりでは必ずしも主要な担い手と位置づけられてこなかった地域経済団体、地域金融機関、農林水産団体、経済産業局・労働局等の国の地方機関、地域経済をけん引している主要企業や地域NPO等の参加が不可欠となる。

とりわけ地域社会の活性化にとっては、地域の課題に対応した女性活躍支援の有効な連携・協働のネットワークが質・量両面で構築できるか否かが、重要な鍵となる。

女性の活躍推進による男女共同参画社会の実現

「我が国の若者・女性の活躍推進のための提言」(平成25年)をはじめ、経済再興戦略としての一連の「女性活躍推進」政策は、すでに明らかなように、「男女共同参画社会の実現」を直接の目標には据えていない。「女性活躍推進」と「男女共同参画社会の実現」を関連づけて言及しているのは「第4次男女共同参画基本計画」である。

「第4次基本計画」は、「Ⅰ あらゆる分野における女性の活躍」を第一の政策領域におき、「性別に関わりなく、その個性と能力を十分に発揮できる男女共同参画社会の実現」は、我が国社会が多様性と活力を高め、経済が力強く発展していくうえで、「社会全体で取り組むべき最重要課題」であると述べている。そして男女共同参画社会の実現のためには、「引き続き、あらゆる分野における女性の活躍を強力に推進していかなければならない」と強調している。

とはいえ、「第4次基本計画」における2つの政策課題の結合は、必ずしも深まったものとはなっていない。経済成長戦略としての「女性活躍推進」政策が、名実ともに男女共同参画社会の実現に結実しているかどうかの検証は、今日、日本全国の多くの地方公共団体で推進されている女性活躍推進の実践を男女共同参画の視点からクリティカルに検討することによって明らかとなろう。

もう1つの方法として、地域において地方公共団体や連携団体等が、女性活躍推進事業を計画・実施する際には、当該地域の「男女共同参画計画」との整合性を測ることを勧めたい。「第4次基本計画」によれば男女共同参画計画の策定率は、平成27年時点で、市区で97.0%、町村で52.6%である。これによれば、都道府県、市区レベルでは整合性の検証が可能である。

I-2 地域の様々な主体と連携・協働を進めるポイント

第Ⅰ部 第2章 地域の様々な主体と連携・協働を進めるポイント

荻野　亮吾

本章では、地域の様々な主体と連携・協働を進めるポイントについて整理を行う。1 女性活躍推進のなかで求められる連携・協働、2 官民の連携・協働に関する論点、3 地域との連携・協働を効果的に進める方法、4 女性活躍推進における連携・協働の特徴について述べる。

1 女性活躍推進のなかで求められる連携・協働

近年、女性活躍推進を巡り、多様な組織や団体との連携が求められている。例えば、平成26年の内閣府男女共同参画会議基本問題・影響調査専門調査会「地域経済の活性化に向けた女性の活躍促進について〜多様な主体による女性活躍のための支援ネットワークの構築を〜」では、新たな主体との連携や協働の必要性が示された。具体的には、男女共同参画部局が経済担当部局や農林水産担当部局、地域の団体等、様々な主体と連携・協働すべきこと、従来男女共同参画推進の主要なプレーヤーとして位置づけられてこなかった経済団体や金融機関、農業漁業関係の組合等、多様な機関とのネットワーク構築が重要であることが述べられている。

すでに男女共同参画推進の領域では、国や地方公共団体と、民間組織との連携の必要性がたびたび示されてきたが、女性活躍推進においては、従来の連携では対応が難しいような様々な課題について、新たな組織や機関との連携や協働が求められている。

実際に連携や協働を進めるにあたっては、いくつもの課題が存在する。国立女性教育会館が、男女共同参画部局や男女共同参画センターを対象にして、平成27年度に実施した調査によれば、①女性活躍推進の目的や意識が共有されていないこと、②効果的な連携先がわからなかったり、連携先の情報が不足していること、③連携の成果測定の方法がわからないこと等が課題として挙げられていた（国立女性教育会館編 2016: 32-34）。一般的に、異なる目的や意識を持つ組織や団体の間で、連携や協働を進めるには、制度や組織を整備するだけでなく、関連する組織・団体が相互に一定の資金や労力、調整コストを負担し合う必要がある。このため、必要となるコストを上回るだけの連携や協働のメリットが明らかとなり、目標やプロセス、成果が共有されていることが連携を進めるための重要な要件となる。本章では、連携・協働が求められる背景や、効果的な連携・協働の方法を整理し、女性活躍推進における連携や協働のポイントを明らかにする。

② 官民の連携・協働に関する論点

　近年、教育や福祉等の各領域で、行政と民間との連携や協働に関する政策が推進されている。連携や協働が進められる背景には、ガバナンスという考え方の広まりがある。ガバナンスは、社会や組織の統治にかかわる多義的な概念である。この考え方では、政府中心の統治（ガバメント）に対し、民間の営利組織や非営利組織等の多様な組織・団体がかかわる統治（ガバナンス）を対置する。ガバナンスの議論には、政府の役割の変化に焦点を当てる公的ガバナンスに関する議論や、地域における組織編成の変化に着目するローカル・ガバナンスやコミュニティ・ガバナンスの議論が含まれる。このガバナンスの考え方が広まるにつれて、企業等の営利組織、NPO等の非営利組織、社会的企業、町内会・自治会等の住民自治組織と、国や地方公共団体との連携や協働に焦点が当てられ、公共サービス提供のあり方や行政の役割についても検討されることになった。

　ガバナンスの考え方は、特に、公共サービスの提供に関し大きな変化をもたらす。この変化は、①サービスの責任主体の変化（国や地方公共団体の役割の変化）、②サービスの供給方法の変化（民営化や外部委託の導入）、③サービスの供給主体の変化（サードセクターへの期待）、④サービスの質の変化を含む（新川 2011: 28-29）。以下、この4点に従い、官民の連携・協働に関する論点を整理する。

（1）国や地方公共団体の役割の変化

　1点目の国や地方公共団体の役割の変化に関しては、公共サービスが「国や地方自治体による直接供給から間接供給へ、またその政府役割は供給者役割から供給環境整備へ」という変化を見せていることが注目に値する（新川 2011: 28）。

　この点に関連する政策として、「ネットワーク型行政」という考え方がある。この考え方は、平成10年の生涯学習審議会答申「社会の変化に対応した今後の社会教育行政の在り方について」において、地方分権改革の文脈で、社会教育行政の新たな方向性として示されたものである。具体的には、学校教育や高等教育、民間事業者、社会教育関係団体、首長部局等との連携の必要性について述べられている。同じく、平成25年の中央教育審議会生涯学習分科会による「第6期中央教育審議会生涯学習分科会における議論の整理」でも、社会教育行政が、まちづくりや高齢者、男女共同参画、青少年等の関連部局や、企業、NPO、大学等と連携・協働することによって、生涯学習振興行政が拡大していくという方向性が示されている。

　近年では、国や地方公共団体の役割が、住民に対して直接、教育や福祉等のサービスを提供する「住民サービス」モデルから、企業や経済団体、関連機関・団体等の多くの主体がサービスに参画するための基盤を準備する「プラットフォーム提供」モデルへと転換を遂げつつある

（國領 2011）。ここでいうプラットフォームとは、「多様な主体が協働する際に、協働を促進するコミュニケーションの基盤となる道具や仕組み」のことを指す（國領 2011: 1）。プラットフォーム形成の利点は、共通の目標を持つ組織や住民が、それぞれの持つ人的・物的資源や情報を持ち寄り、協力して活動を進めることによって、単独では難しかった新たな取組がなされることである。国や地方公共団体には、このプラットフォームを形成するための制度や環境の整備を進める役割が期待されている。

　プラットフォーム形成の取組は、様々な領域で進められている。例えば、学校支援の領域では、各学区・学校単位で、保護者や地域住民の学校運営や事業への参加を進めるコミュニティ・スクール（学校運営協議会）の制度化や、「学校支援地域本部」に関する事業が進められてきた。平成27 年の中央教育審議会答申「新しい時代の教育や地方創生の実現に向けた学校と地域の連携・協働の在り方」では、これらの動きを発展させた「地域学校協働本部」の組織化も提言されている。また、高等教育の領域では、大学間、あるいは大学と民間組織との連携・協働を進め、学習支援や就労支援、人材育成等を目的にした事業が実施されている。平成 25 年度から始まった「地（知）の拠点整備事業（大学 COC 事業）」や、平成 27 年度からの「地（知）の拠点大学による地方創生推進事業（COC+）」等の事業である。女性活躍推進の領域でも、「女性活躍推進法」第 23 条に、国や地方公共団体が関係機関と「協議会」を組織することが挙げられている。この目的は、女性活躍推進にかかわる組織・団体の情報共有や連携の緊密化を行ったうえで、各地域で女性の職業生活における活躍推進を進めるためのプラットフォームをつくり出すことにある。

　ここでのポイントは、行政と地域の様々な組織や団体との連携や協働を、ある一時点での限定的な関係として捉えるのではなく、この関係が継続し資源や情報が共有、蓄積されていく過程に注目し、より良い公共サービスを提供するための基盤のあり方を考えていくという視点である。

（2）官民パートナーシップの動き

　2 点目の公共サービスの提供方法の変化を示すのが、公共施設や公共サービスの外部委託（アウトソーシング）や民営化の動きである。この背景にあるのが、「官民パートナーシップ（Public Private Partnership, PPP）」の考え方である。この考え方は、これまで国や地方公共団体が提供してきた公共サービスに関し、行政によるサービス提供の目的と、民間組織の利益が一致する範囲において、行政と民間組織との間で適切なリスクや利益、役割の分担を行い、より少ない財政支出によって質の高い公共サービスを提供することを目指すものである。

　実際に日本で導入されている官民パートナーシップに関するしくみとして、業務委託や、市場化テスト（官民競争入札）、「プライベート・ファイナンス・イニシアティブ（Private Finance Initiative, PFI）」、指定管理者制度等が挙げられる。市場化テストとは、平成 18 年に制定された「競争の導入による公共サービスの改革に関する法律」に基づき、公共サービスについて、行政と民

間組織が対等な立場で競争入札を行い、効率的かつ質の高いサービスを行える組織がサービス提供を担うしくみを指す。PFIについては、平成11年に「民間資金等の活用による公共施設等の整備等の促進に関する法律（PFI法）」が制定されている。公共施設の建設や維持管理、運営等に民間の資金、経営能力および技術的能力を活用し、同一水準のサービスをより安く、あるいは同一の価格でより上質のサービスを提供することを目指す手法である。

　指定管理者制度は、平成15年の地方自治法の一部改正によって、これまで地方公共団体やその外郭団体に限定されていた公共施設の管理や運営を、企業やNPO法人、その他の団体に包括的に代行させることが可能となったものである。数年おきに実施される「社会教育調査」の結果を見ると、指定管理者を導入する施設の割合は増加傾向にある。平成27年度調査（中間報告）によれば、社会教育関連施設の約3割が指定管理者制度を導入している。個別に見ると、青少年教育施設で約4割、女性教育施設で3割強、博物館で2割5分程度、図書館で1割強、公民館で約1割が指定管理者を導入している[1]。

　これらの制度の導入により、公共サービスの担い手が、国や地方公共団体から民間組織に移りつつある。これに伴い、公共サービスの効率や質の評価が重要となる（（4）を参照）。

（3）サービスの供給主体の変化と、連携・協働への注目

　3点目の供給主体の変化に関しては、公共サービスの担い手が、政府、市場、あるいは民間の社会経済部門（サードセクター）のいずれに属するのか、そしてこれらの領域の間で連携・協働をどのように進めていくのかが論点となる。サードセクターに関しては、ペストフによる「福祉トライアングル」の議論がしばしば引用される（Pestoff 1998=2000: 2章）。この議論では、福祉サービスの提供に関し、公式か非公式か、営利か非営利か、公共か民間かという3つの軸により提供主体を区別し、政府、市場、コミュニティと別に、サードセクターの役割を示している。

　サードセクターには、協同組合や、公益法人やNPO法人等の非営利組織、そして社会的企業が含まれる。協同組合は、農業協同組合（農協）や漁業協同組合（漁協）、森林組合、消費生活協同組合（生協）、労働金庫、中小企業組合、信用金庫、信用組合等、組合員の相互扶助を原則とした組織である。NPO法人は、平成10年の「特定非営利活動促進法（NPO法）」制定以降、認証法人数が年々増加し、平成28年10月末現在で51,343団体が認証されている[2]。活動の種類としては、保健、医療又は福祉の増進（30,079団体）、社会教育の推進（24,698団体）、団体の運営又は活動に関する連絡、助言、援助の活動（24,091団体）、子どもの健全育成（23,445団体）、

1　生涯学習政策局政策課調査統計企画室「調査結果の概要」
　（http://www.mext.go.jp/component/b_menu/other/__icsFiles/afieldfile/2016/10/28/1378656_03.pdf 参照：2016年12月15日）
2　内閣府政策統括官（経済社会システム担当）付参事官（共助社会づくり推進担当）「認証・認定数の遷移」
　（https://www.npo-homepage.go.jp/about/toukei-info/ninshou-seni 参照：2016年12月15日）

まちづくりの推進（22,647 団体）等が多く、男女共同参画社会の形成の促進については、4,734団体が該当する[3]。

　社会的企業は、社会的目的を掲げて企業から発展したものや、NPO 法人や協同組合に由来するもの、労働者協同組合やワーカーズコレクティブ等の新しい働き方を指すもの等があり、組織体や実態は多様である。その特徴として、目的・所有・資源のレベルでの「ハイブリッド構造」が挙げられる。具体的には、「①事業上の目標と同時に、多様な社会の目標を追求しているという意味で、多元的な目標を有していること、②マルチステークホルダー（多様な利害関係者）に所有され、彼等の民主的な参加を重視した組織であること、③市場での交換、政府からの公的資金、ソーシャル・キャピタルを含む互酬性によって構成される多元的経済によって組織としての持続可能性を確保していること」を指す（藤井 2014: 119-121）。

　サードセクターに属する各組織の活動が充実するに従い、政府や市場との役割分担や、連携・協働のあり方に焦点が当てられている。行政とこれらの組織との連携・協働を進めるためには、それぞれの主体が、共通の目標を持ち、対等な関係性に基づき、信頼関係を深め、相互に利益のある形で連携や協働を進めていくことが重要になる（原田 2010）。逆にいえば、実際に連携や協働を進めていく場合、問題になるのは、①共通の目標が設定できていないこと、②対等な関係や、相互の信頼関係を築けていないこと、③連携の成果やメリットが不明確であることである。

（4）公共サービスの評価の方法

　4 点目のサービスの質の変化に関しては、「新しい行政管理（New Public Management, NPM）」の考え方を理解しておく必要がある。この考え方は「民間企業における経営理念、手法、成功事例などを公共部門に適用し、そのマネジメント能力を高め、効率的で質の高い行政サービスの提供を目指すという考え方」を指し（東洋大学 PPP 研究センター編 2013: 134）、消費者志向、結果志向（成果主義）、効率性の重視といった特徴を有する（新川 2011: 30）。官民パートナーシップが推進され、民間組織との連携や協働が進められるにつれ、公共サービスにおいても、その成果を明確にし、より効率的で効果的なサービスの提供が目指されている。

　NPM では、目標の達成度の評価や業績の測定指標が多用される。この評価や測定については、現在、様々な方法が用いられるようになっている。例えば、効率性の向上を重視するのが、「バリュー・フォー・マネー（Value for Money, VFM）」の考え方である。これは、前述した PFI の導入に基づく運営について、行政が自ら公共サービスを提供する際のコストに比べ、PFI 導入時のコストがどれほど改善したかというという基準によって評価を行う方法である。

3　内閣府政策統括官（経済社会システム担当）付参事官（共助社会づくり推進担当）「認証数（活動分野別）」
　（https://www.npo-homepage.go.jp/about/toukei-info/ninshou-bunyabetsu 参照：2016年12月15日）なお、数値には重複を含む。

これに加え、公共サービスの質の評価も重要である。近年、注目を集める「社会的インパクト」の考え方は、活動によって生じる効率性の変化だけでなく、中長期的な社会的変化についても測定を行おうとするものである（三菱UFJリサーチ＆コンサルティング株式会社 2016）。その1つの方法である「社会的投資収益率（Social Return on Investment, SROI）」は、費用便益を分析する方法の1つであり、経済的収益だけでなく、取組の結果生じた社会的価値を貨幣価値に換算して定量的な評価を行う（玉村編 2014）。また、官民パートナーシップの1つの方法である「ソーシャルインパクト・ボンド（Social Impact Bond, SIB）」は、行政と民間組織の契約に基づき、民間組織が投資家から投資を得て公共サービスを行い、実施におけるコストや、将来想定される社会的コストの削減を評価するしくみである。達成された成果に連動して行政から民間組織に報酬が支払われ、その一部が投資家に還元される（塚本・金子編 2016）。

これまでの事業評価は、PDCAサイクルに示されるように、計画から実施に至る一連の過程について、インプットに対するアウトプットやアウトカムのレベルでの達成度の評価を行うものが中心であった。一方、近年注目されている「社会的インパクト」に関する評価では、社会的な変化を生み出すための目標設定と、目標達成のための具体的な方法や、達成に至る一連のロジックを重視する（Epstein & Yuthas 2014=2015: 図表Ⅰ-2-1 参照）。これは、想定される成果から目標を逆算的に考える方法である。事前にどのような社会を生み出していきたいのかを、連携や協働にかかわる主体が事前に共有し、そこに至るプロセスを想定しておくことで、連携や協働で目指す方向を見失うことなく、漸進的に目標達成に向かうことが可能になる。

一例として、社会教育施設に指定管理を導入したり、生涯学習に関する事業委託を行う場合を考えてみたい。行政と民間組織との連携や協働によって（インプット）、これまでと異なるサービスが行われ（アクティビティ）、施設への来館者が増えたり、講座への参加者が増加するのを見るのが結果（アウトプット）のレベルの評価である。さらに、地域活動への参加者が増えたり、生涯学習への意欲が高まることは、成果（アウトカム）のレベルでの改善を示す。これに加え、より中長期的な変化として、住民同士の助け合いが活発な地域や、様々な場所で学習が行われる地域になるかを問うのがインパクトのレベルの評価である。このインパクトのレベルでの変化を生み出すまでの、インプットからアクティビティ、アウトプット、アウトカムまでの一連のロジックを組み立てていくのが「社会的インパクト」の評価の特徴である。

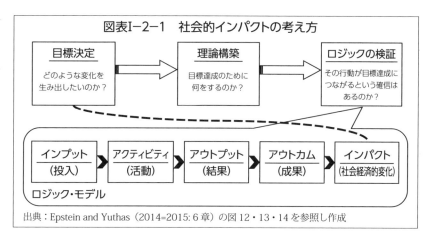

図表Ⅰ-2-1　社会的インパクトの考え方

出典：Epstein and Yuthas（2014=2015: 6章）の図 12・13・14 を参照し作成

■I-2 地域の様々な主体と連携・協働を進めるポイント

❸ 地域との連携・協働を効果的に進める方法

（1）効果的な連携・協働とは

　次に生涯学習や社会教育の領域での事例をもとに、地域との効果的な連携・協働の方法を示す。効果的な連携・協働を考える際には、「効率性」「創発性」「持続性」という3つのポイントがある。第1の「効率性」とは、これまで個別の部局や組織・団体が単独で行ってきた公共サービスについて、外部の主体と連携・協力することによって、資金や労力、その他のコストをどれだけ削減できるかという視点である。事業の重複をなくし、限られた資源を効率的に活用することで、同じコストでより多くのサービスを提供したり、より少ないコストで現在と同水準のサービスを提供することができるかが重要となる。

　第2の「創発性」とは、連携・協働を進めることによって、単独の主体では達成されないような、より良い公共サービスが提供されるかを見ようとするものである。異なる領域の主体がそれぞれの持つ人的資源や物的資源、ネットワーク、情報等を持ち寄ることによって、単独の主体では達成できなかった新たなサービスの提供が可能になる。「創発性」のある公共サービスの例として、これまで対象にしてこなかった層へのサービスや、潜在的なニーズに沿ったサービス、地域の資源を掘り起こしたサービス、ネットワーク形成を通じた継続的な活動の支援等が想定できる。

　第3の「持続性」とは、連携や協働に基づく取組を受けて、職場や地域に次の活動の担い手が育ち、ネットワークが広がっていくかを見るものである。地域の人々のつながりの多さや、助け合いの規範や信頼関係を意味する社会関係資本（Social Capital）は、1つの「道徳資本」であり、使うほどに増え、使わないと逓減する資源であるとされる（Putnam 1993=2001: 210）。このように「持続性」とは、現在の連携や協働の活動を通じて、職場や地域のなかにつながりや信頼が生み出され、次の時点での活動につながっていく循環的な性質を指す。

　連携や協働には様々な形があるが、ここでは「効率性」や「創発性」、「持続性」を担保するような効果的な連携のあり方として、①地域資源の集約による効率的なサービスの提供、②多様な主体の連携によるプラットフォームの構築、③地域の組織間の新たな関係の形成、④連携の担い手の育成、という4つの方法を挙げる[4]。

（2）地域資源の集約による効率的なサービスの提供

　1つ目の効果的な連携の方法として、地域内で共通の機能を持った組織や団体が連携し、それ

4　なお、各事例の記述は、調査実施時点のものである。

ぞれの有する資源や専門性を活かしながら、新たなサービスを提供していく方法を取り上げる。教育施設間の連携としては、千葉県市川市における学校と公共図書館のネットワークが有名である。同市では、教育長の意向のもと実験的な取組を開始し、平成5年から図書の相互貸借を本格的に行っている。この結果、現在では、市内の図書館と、すべての幼稚園、小学校、中学校、特別支援学校が参加するネットワークが構築されている。具体的には、①公共図書館を起点とした図書の相互貸借、②学校図書館の蔵書のデータベース化と図書館内のインターネット整備、③市内すべての小・中学校に、司書資格を有した学校司書・学校図書館員の配置が行われている。このことを通じ、それぞれ、物流、情報、人の3つのネットワークが構築されている。

　この取組は、公共図書館と学校図書館とがその資源を共同利用することで、蔵書間の重複をなくしてサービスの「効率性」を高めようとする試みである。各校の「学校図書館利用計画」を共有し、教材や資料の利用時期が重複することを避ける等、細かい工夫も行われている。取組の結果、学校ごとの蔵書構成の多様性を保ちながら、市内全体で「1つの図書館」が構成されている。さらに、平成18年度から、教育センター内に学校図書館支援センターを設置し、各種研修会や教材開発を行うことを通じて、学校での教科教育や読書教育の充実も図っている。この点を見ると、連携による「創発性」の創出も意識されているといえる（荻野 2015a）。

　女性活躍推進の領域でも、国や地方公共団体と経営者団体、労働者団体が連携して、子育て中の女性へのワンストップサービスを提供する試みが見られる。例えば、京都府では、平成22年8月より、男女共同参画センター内に「京都ジョブパークマザーズジョブカフェ」を設置している。運営は京都労働局と京都府、京都市、連合京都、京都経営者協会の「オール京都」体制で行われており、「子育て中も働きたい」という母親に対して、一人ひとりのニーズに対応した支援が行われていることに特徴がある（第Ⅱ部第2章**1**参照）。

　この方法の特徴は、行政内の部局や、地域の組織・団体がそれぞれの持つ資源や専門性を活かし、重複を省きながら、これまで提供できなかった新しい公共サービスを生み出すことにある。

（3）多様な主体の連携によるプラットフォームの構築

　次に、多様な主体が連携することにより、**2**の（1）で述べたような、地域のプラットフォームを構築する方法を見る。ここでは、シブヤ大学の活動を取り上げる。シブヤ大学は、平成18年に設立されたNPO法人で、渋谷の街全体を1つのキャンパスに見立て、市民向けの無料の公開講座を行っている。渋谷区が100%出資する渋谷サービス公社から、生涯学習関連講座の業務委託を受け、さらに企業との連携等を通じ、年間100程度の講座を開催している。有償ボランティアである授業コーディネーターが各講座の企画の中心となり、生涯学習に関する独自性の高い講座を提供している（左京・中村 2015）。さらに、まちづくりにかかわる新たなネットワークを構築していることも注目できる。活動の特徴は大きく3つに分けられる（荻野 2015b）。

I-2 地域の様々な主体と連携・協働を進めるポイント

　第1に、行政や企業、地域の団体が抱える課題解決や、今後実現したい新しいアイディアに対して、助言や対話を行い、プロジェクトの実現につなげていることである。シブヤ大学では、様々な講座の開催を通じて、地域の様々な資源を掘り起こし、まちづくりにかかわる人材の発掘や育成を行っている。連携する組織や団体から持ち込まれたアイディアに、講座を通じて得られた地域資源や人的資源を結びつけ、単独で実現が難しい新たなプロジェクトが進められている。行政との連携としては、平成24年度より、渋谷区の若手職員の研修に他のNPO法人と協力して取り組み、5か月間にわたり障害者や社会的弱者への取材やグループワークを含む、独自性の高い研修を開催している。地域の団体との連携としては、恵比寿地区の町会・商店街が主催する盆踊り大会への運営協力が挙げられる。イベントの大規模化を受けて、シブヤ大学が事前に講座を開催し、運営を担う若年層のスタッフを募っている。

　第2に、若年層を中心とした市民への発信力である。シブヤ大学のホームページでは、生涯学習に関する講座や、自主運営されるゼミやサークル、まちづくりに関する様々なプロジェクトの紹介がなされている。このことで、参加者は自らの関心に近い活動の存在を知り、自由に参加することが可能となっている。

　第3に、渋谷という街にかかわる行政、企業、地域の団体を結びつけ、まちづくりの新たなネットワークを構築していることである。シブヤ大学は、生涯学習に関する講座を実施するなかで、渋谷の街で様々な組織・団体が果たす役割について経験的な知識や情報を蓄積し、地域の組織や団体との間にネットワークを構築している。新たなプロジェクトを立ち上げる際には、この知識や情報、ネットワークを活かして、それぞれの組織や団体に不足している部分を相互に補完できる体制づくりを行っている。例えば、平成26年度から始められた「渋谷ズンチャカ！」という市民参加型の音楽祭では、音楽を通じてまちづくりを進める「音楽の街づくりプロジェクト」を各地で進めてきた企業が、シブヤ大学に行政や地域の団体との仲介を要請し、市民参加型の音楽祭を運営していくための体制づくりが進められた。

　シブヤ大学は、生涯学習に関する継続的な活動を行うなかで、渋谷の街に関する人的・社会的な情報を集積してきた。この認識は関係者の間で徐々に共有されてきている。地域の様々な情報やネットワークにアクセスできるポイントが明確であることで、まちづくりの案件がシブヤ大学に集約され、様々なプロジェクトの推進を通じ、情報やネットワーク等の資源がさらに蓄積される。これまで結びついてこなかった組織や団体同士が新たな活動やプロジェクト推進のために結びつき、集約された資源や情報を有効に活用したサービス提供も可能になる。この意味で、シブヤ大学は、生涯学習とまちづくりに関するプラットフォームとして機能し、このプラットフォームを通じて「創発性」を持つ公共サービスが提供されているといえる。

（４）地域の組織間の新たな関係の形成

　さらに、これまで地域で活動してきた、様々な組織や団体の関係のあり方を組み替え、新しい取組を生み出すことも、連携や協働の効果的な方法である。

　従来から、公民館は地域の組織・団体との連携・協働を重視してきた。例えば、長野県飯田市では、各地区の各種団体と、住民の運営する分館の活動、行政の運営する地区館の活動が有機的に結びつくことで、地域住民の間のつながりが緩やかにつくり出され、地域への貢献意識が育まれてきた。しかし、子育て世代や、新しい住民は地域の活動にかかわらないことも増えてきている。そこで、市内のある地区では、「子育て」をテーマにして、これまで公民館にかかわっていた住民を再組織化しながら、保護者等の新たな主体を巻き込む「通学合宿」の取組を始めた。

　通学合宿は、公民館が主催、地区のまちづくり委員会や小学校、PTA が共催となり、実際の準備は通学合宿準備委員会が進めている。この取組は、地域住民が地域課題について話し合う地区の「研究集会」において、若年層や子育て世代が参加できるテーマで合意形成が進められ、その後の話し合いを経て準備委員会が立ち上げられ、住民が主導する形でプログラムが実施された。実施にあたり、公民館主事が地域の子育ての関係者を媒介する役割を果たし、プログラムについて話し合うなかで、異なる立場の保護者・住民・学校関係者の間で子育てに関する共通理解が形成されていった。この過程で、地域において子育てに利用できる地域資源や人的資源が見直され、通学合宿という目的に向け資源の再組織化を行うことが可能となった（荻野・中村 2016）。

　次に、大分県佐伯市の取組を取り上げる。同市では、市町村合併を契機として、地域の各種団体の機能低下や地域活動の担い手の育成等が地域課題となっていた。そこで、平成 18 年度より県のモデル事業の指定を受け、平成 20 年度以降は県や国の委託・補助事業を受ける形で、「協育ネットワーク」構築にかかわる事業を実施することになった。この事業は、学校支援に関する体制を整備し、各地区に設置された公民館に校区コーディネーターを 1 名ずつ配置することで、コミュニティの再構築を行うことを目的にするものである。

　具体的な取組として、同市では、校区ネットワーク会議や青少年健全育成会議の組織化を各地区で進めた。この会議の目的は、意見交換や情報交換にあり、各地区で子供の教育に携わる教員や住民間のネットワークを再構成していくことが目標とされた。この会議のメンバーには、行政や学校関係者だけでなく、地域の各種委員や団体の代表者が含まれており、これらの委員がこれまでの地域活動のなかで築かれたネットワークを活用し、学校支援の活動への協力の呼びかけを進めた。この結果、PTA 活動の活性化や「おやじの会」等の新たな団体の組織化がなされ、自治会や老人会による見守り活動等も生まれた（荻野 2014）。

　これらの事例では、すでに存在する地域の社会的な関係を活用し組み替えていくことで、「創発性」のある活動が生み出されている。地域での相互関係や信頼の形成には多くの時間を要する。このため、新たな組織をゼロから立ち上げるよりも、新たな目標に向かって話し合いや合意形成の機会を設け、既存の社会的な関係を活用することで、地域の組織や団体の活動を活性化するこ

とが目指されている。

（5）連携の担い手の育成

　4つ目の方法として、地域において、新たなサークルやグループを立ち上げていく方法を見る。これは、将来、地域での活動の担い手となる人材を育成したり、地域に新しいグループを立ち上げていくことによって、「持続性」を担保しようとするものである。

　例えば、社会教育施設での学級や講座を契機に、新たなグループを立ち上げていく方法がある。東京都練馬区の男女共同参画センターえーるでは、事業コーディネーターの働きかけを通じて、講座を通じたグループづくりを進めている。具体的には「女性のためのプチ起業講座」の受講者が「女性のライフスタイル研究会」を、「子育てママのまったり塾」の受講者が「まったりママの会」を立ち上げ、区民企画講座に応募したりする等、「市民力」の向上を目指した活動を行っている。これ以外にも、センターを利用する団体に対して出前講座を開催したりする等、男女共同参画への理解を深める活動が行われている。山形県の男女共同参画センターチェリアでも、地域における女性リーダーの育成やネットワーク形成を目指し、平成16年度から「チェリア塾」を開催している。1年目は知識を習得する「基本コース」、2年目は自主企画講座を実践する「実践コース」、3年目以降は必要に応じてスキルを習得する「専門コース」を設けており、講座修了生同士の横のつながりが形成されてきた。平成27年度からは、県内の4ブロックごとの縦のつながりを形成する事業にも取り組み始めた（国立女性教育会館編 2016: 31）。

　またワークショップを用いて、地域の課題に取り組む住民を育成していく方法にも注目できる。例えば、和歌山県や山形県等で導入されている「寄り合いワークショップ」は、「地域住民自らが、地域を知り、考え、行動するためのワークショップを通じた機運づくり」のために、地域の課題発見から解決に至る一連の過程を整理し、具体的な進め方を示している。このワークショップは、基本的に3回で構成される。第1回目は、外部から見た地域の「資源写真地図」をもとに、地域の課題や将来像について意見交換を行い、参加者が問題意識を共有することを目的とする。第2回目までに、各参加者が地域の写真撮影を行い、それを持ち寄ってワークショップでは「資源写真地図」を作成する。第3回目は、地域を元気にするためのアイディアシートを事前に記入したうえで、参加者がグループに分類し、アイディア地図を作成する。さらに、このアイディア地図の項目を投票により評価し、優先度や必要性に応じて、実行計画表を作成する（和歌山県農林水産部農業農村整備課 2015）。この方法は、問題の解決と合意形成をともに進め、地域の連帯感をつくり出し、プロセスを「見える化」していることに特徴がある（山浦 2015: 92）。

　これらの方法は、「持続性」を持った中長期的な活動を見据えて、地域で連携の担い手を育て、参加者間にネットワークをつくり出していく試みである。

地域の様々な主体と連携・協働を進めるポイント **I-2**

❹ 女性活躍推進における連携・協働の特徴

（1）女性活躍推進にかかわる組織・団体の多様性

　ここまで、連携や協働の背景にある考え方を整理し、効果的な連携の方法についてポイントごとに整理を行ってきた。最後に、前述の国立女性教育会館の行った調査に基づき、女性活躍推進における連携・協働の特徴をまとめておきたい。

　この調査によれば、取組の内容に応じて、連携の主体は異なっていた（国立女性教育会館編2016: 28-29）。第1に経済団体や企業等とつながる新たな取組として、県レベルの推進体制の構築が各都道府県で進められ、男性管理職を対象にした取組や女性のリーダー育成の取組が、地域の経済団体や商工会議所、金融機関、企業と協力する形で進められている。第2に、女性の起業の支援については、経済関係・商工関係部局に加え、地元の企業や商工会議所、金融機関等が協力する形で、起業に関する講座等が開催されている。第3に「働く」に至るプロセスの支援においては、両立支援や就職支援にかかわるワンストップサービスが、雇用労働関係部局や労働局・ハローワークとの協力で提供されている。若年無業の女性についてはNPO法人等と連携した中間就労の機会の提供が行われ、高校や大学等の教育機関と連携しロールモデルの紹介や出前講座の提供が行われている。第4に、地域自治における女性の活躍推進では、自治会と連携した防災の取組が目立ち、意思決定の場面に女性の視点を取り入れることが目標とされている。第5に、農林水産分野における女性の起業支援については、農林水産関係部局や農林事務所が主体となり、農協や漁協と連携し、リーダー育成の事業等が実施されている。

　次頁の図表I-2-2は、この調査結果をもとに、女性活躍推進にかかわる行政部局や地域の組織・団体について整理を行ったものである。この図には、女性活躍推進にかかわる部局や組織の多様性が示されている。内側の円は、男女共同参画ないし女性活躍推進部局を中心にした、行政内の部局間連携（庁内連携）を示しており、経済、商工、雇用労働、健康福祉、農林水産、教育、市民活動推進の各部局が女性活躍推進の主体となることが示されている。外側の円は、女性活躍推進の担い手となる地域の様々な組織や団体を示している。現在は、取組の目的や内容に応じて行政と民間組織の連携が部分的になされているが、今後は、部局間連携（庁内連携）や、地域の組織・団体同士の横のつながりを広げ、女性活躍推進に取り組むことが求められている。

図表I-2-2 女性活躍推進にかかわる行政内外の様々な組織・団体

出典：国立女性教育会館編(2016: 4章)に開催されている事例をもとに作成

（2）女性活躍推進に向けた連携・協働を進めるポイント

　最後に、女性活躍推進にかかわる多様な部局・組織・団体間の連携や協働を進めるポイントを、3つ挙げたい。

　第1に、行政部局間の連携（庁内連携）や情報共有である（国立女性教育会館編 2016: 49）。女性活躍推進にかかわる行政内の部局は多岐にわたるため、所管部局間の調整や意識共有、各部局で所管する事業の可視化が求められる。このことにより、事業の重複を解消し一体となって新しい取組を行うことが、つまり「効率性」を高め「創発性」を生み出すことが可能となる。これまで行政内の各部局と、地域の組織・団体との間に築かれてきたネットワークを有効に活用し、地域との効果的な連携を進めていくためにも庁内連携は重要である。この庁内連携の体制づくりを進めるには、部局間の公式の会議や横断的な組織を設置するだけにとどまらず、実務レベル・担当者レベルでの連絡会議を定期的に開催する等、日常的な情報交換やコミュニケーションが重

要となる。

第2に、民間の営利組織や経済団体との連携の進め方である。女性の就労率の向上や、職場での女性の管理職登用等の目標を達成していくためには、地域の経済団体や商工会議所、金融機関、企業等との連携が必須になる。すでに、都道府県レベルでは、「女性活躍推進法」に基づき、これらのアクターを含む推進組織を設けているところも多い。これにより、経営者や管理職を通じ、女性活躍推進の取組が各企業に一定程度広まることが期待される。一方、各部署や現場レベルで、女性活躍推進の目標や意味、あるいは具体的な進め方についての共通理解が形成されているとは言い難い。それぞれの企業や職場で理解を深めていくためには、現状の診断ツールの提供や、参考になる事例集の作成、アドバイザーの養成等、プロセスを重視した取組を進めていくことが重要となる。女性活躍推進という「社会的インパクト」を生み出す一連のロジックを明確にし、そこに至るプロセスについて関係者が共通理解を持つことが重要である。

第3に、男女共同参画部局や男女共同参画センターの役割の見直しである。男女共同参画部局やセンターは、地域の様々な組織・団体が参加するためのプラットフォームを整備し、庁内外の部局や組織との情報交換や利害調整を行い、各アクターの持つ資源やネットワークを効果的に活用して、女性活躍推進を進めていく役割を担うことが望まれる。これに関して、八木ら（2016）の「橋渡し組織」の議論が参考になる。「橋渡し組織」の4つの機能とは、①アクターが互いに顔を合わせる場を提供し、さらにアクターを巻き込んでいく「招集機能」、②橋渡し組織に集うアクターがそれぞれ有する情報を理解したり、また利用できる資源を認識したりする「解釈機能」、③アクター間で率直な対話を行うことによって協働を促すための「協働機能」、④各アクターの利害損失を表出させ、アクター間の利害調整を担う「媒介機能」の4つの機能である。女性活躍推進において、男女共同参画部局やセンターがこのような「橋渡し組織」としての役割を果たせるかが重要な要件となる。

【参考文献】

- 荻野亮吾, 2014,「公民館を拠点とした社会関係資本の再構築の過程：大分県佐伯市の『協育ネットワーク構築推進事業』を事例として」『日本公民館学会年報』11, 104-114.
- 荻野亮吾, 2015a,「地域との連携：公共図書館や住民との連携」立田慶裕編『読書教育の方法：学校図書館の活用に向けて』学文社, 70-84.
- 荻野亮吾, 2015b,「シブヤ大学における生涯学習とまちづくりをつなぐ論理」『社会教育』827, 54-64.
- 荻野亮吾・中村由香, 2016,「公民館を媒介にした地域の子育て体制作り：飯田市川路地区の『通学合宿』活動」国立教育政策研究所編『多様なパートナーシップによるイノベーティブな生涯学習環境の基盤形成に関する研究・事例集：国内及び海外の先進的事例調査』（平成26-27年度プロジェクト研究調査報告書）132-138.
- 国立女性教育会館編, 2016,『地域における女性の活躍推進実践ガイドブック：地方公共団体や男女共同参画

センターの新たな連携と役割』（平成27年度女性関連施設に関する調査研究）．

- 國領二郎, 2011「プラットフォームが世界を変える」國領二郎・プラットフォームデザイン・ラボ編『創発経営のプラットフォーム：協働の情報基盤づくり』日本経済新聞出版社, 1-12.
- 左京泰明・中村由香, 2015,「シブヤ大学の沿革と活動」『社会教育』827, 18-27.
- 玉村雅俊編, 2014,『社会イノベーションの科学：政策マーケティング・SROI・討論型世論調査』勁草書房.
- 塚本一郎・金子郁容編, 2016,『ソーシャルインパクト・ボンドとは何か：ファイナンスによる社会イノベーションの可能性』ミネルヴァ書房.
- 東洋大学PPP研究センター編, 2013,『公民連携白書 2013〜2014：省インフラ』時事通信社.
- 新川達郎, 2011,「公的ガバナンス論の展開可能性：ガバメントかガバナンスか」新川達郎編『公的ガバナンスの動態研究：政府の作動様式の変容』ミネルヴァ書房, 15-49.
- 原田晃樹, 2010,「NPOと政府との協働」原田晃樹・藤井敦史・松井真理子『NPO再構築への道：パートナーシップを支える仕組み』勁草書房, 26-53.
- 藤井敦史, 2014,「社会的企業とコミュニティ・エンパワーメント」坂田周一監修『コミュニティ政策学入門』誠信書房, 106-124.
- 三菱UFJリサーチ＆コンサルティング株式会社, 2016,『社会的インパクト評価に関する調査研究最終報告書』（内閣府委託調査）．
- 八木信一・武村勝寛・渡辺亨, 2016,「環境ガバナンスにおける橋渡し組織の機能に関する研究：くまもと地下水財団を事例として」『自治総研』449, 59-80.
- 山浦晴男, 2015,『地域再生入門：寄りあいワークショップの力』筑摩書房.
- 和歌山県農林水産部農業農村整備課, 2015,『わかやまの未来へむかって：寄り合いワークショップによる地域再生ガイドブック』.
- Epstein, M. J. and K. Yuthas, 2014, *Measuring and Improving Social Impacts*, Barrett-Koehler Publishers. 〈邦訳〉鵜尾雅隆・鴨崎貴泰監訳, 2015,『社会的インパクトとは何か：社会変革のための投資・評価・事業戦略ガイド』英治出版.
- Pestoff, V. A., 1998, *Beyond the Market and State: Social Enterprises and Civil Democracy in a Welfare State*, Ashgate Publishing Limited. 〈邦訳〉藤田暁男・川口清史・石塚秀雄・北島健一・的場信樹訳, 2000,『福祉社会と市民民主主義：協同組合と社会的企業の役割』日本経済評論社.
- Putnam, R. D, 1993, *Making Democracy Work：Civic Traditions in Modern Italy*, Princeton University Press. 〈邦訳〉河田潤一訳, 2001,『哲学する民主主義：伝統と改革の市民的構造』NTT出版.

地方公共団体における庁内連携の現状と課題　**I-3**

第 I 部	地方公共団体における庁内連携の
第**3**章	現状と課題

高林　直人

　本章では、男女共同参画や女性活躍推進施策のポイントと課題を確認し、主に都道府県の男女共同参画担当部局における庁内連携および市区町村、男女共同参画センターとの効果的な連携のあり方について考える。1 女性活躍推進施策が求められる社会的背景、2 地方公共団体における庁内連携の現状と課題、3 地方公共団体における女性活躍推進体制の整備について述べる。

■1 女性活躍推進施策が求められる社会的背景

(1) 女性活躍推進施策が必要とされる背景

　平成28年6月に閣議決定された「ニッポン一億総活躍プラン」において、女性活躍はその中核として位置づけられ、「ポテンシャルを秘めている女性が我が国には数多くおり、一人ひとりの女性が自らの希望に応じて活躍できる社会づくりを加速することが重要である」とし、主に次のような具体的施策を示している。

- ・子育て等で離職した正社員の復職の道が開かれるよう、企業への働きかけ
- ・大学・専修学校等における実践的な学び直しの機会の提供
- ・マザーズハローワーク事業の機能強化

さらに、平成28年4月に施行された女性活躍推進法に基づき、

- ・企業における女性活躍のための行動計画の策定・情報公開などの推進
- ・国の調達においてワーク・ライフ・バランスを加点項目として設定
- ・多様な正社員、テレワークの普及など女性が働きやすい環境整備
- ・セクハラ・マタハラの防止に向けた取組等の推進
- ・女性を対象にしたリーダー育成研修等の先進的な取組の推進
- ・女性起業家に対する支援の強化
- ・男性の育児・介護等への主体的参画の促進

のような具体的施策も示している。

　政府が女性活躍を中核に据える背景には、少子高齢化という構造的な問題がある。出生率の大

幅な低下と高齢化率の着実な上昇により、日本の総人口は 2008 年を境に減少局面に入った。今後、減少スピードは加速度的に高まっていき、約 30 年後（2045 年）には 1 億人を、2100 年には 5,000 万人を切ることが推計される。少子高齢化の進行によって、労働供給の減少のみならず将来の経済規模の縮小や生活水準の低下等、深刻な事態になることが懸念されている。

厚生労働省の資料によれば、これまでの高齢化の問題は、進展の「速さ」であったが、2015 年以降は、高齢化率の「高さ」（＝高齢者数の多さ）が問題となるとし、2025 年には高齢者人口は約 3,500 万人に達すると推計されている。特に首都圏をはじめとする「都市部」では、今後急速に高齢化が進むと見込まれている。これが、いわゆる 2025 年問題である。

こうした背景から、労働力不足への対応等、経済成長政策の一環としての「女性活躍」が強く求められていることがわかる。

次に、国際的な視点から女性活躍の現状を見てみたい。

毎年、世界経済フォーラムが発表する男女共同参画の国際指標の 1 つである「ジェンダーギャップ指数 2016」では、日本の順位が調査対象 144 か国中 111 位であった。前年度から 10 位下がり、過去最低の水準となった。ジェンダーギャップ指数は、世界の男女平等ランキングを出すうえで使用される指標であり、「経済」、「教育」、「健康」、「政治」の 4 分野を評価している。日本の分野別の順位は以下のようになっている。

経済	教育	健康	政治	総合
118 位	76 位	40 位	103 位	111 位

経済と政治分野の順位が低いことがわかるが、特に経済分野においては、前年度の 106 位から 118 位へと大幅に順位を下げた。経済分野では、男女の経済活動の参加と機会の有無を対象とし、具体的な評価項目は、労働人口の男女比、男女間の所得格差、企業の管理職や専門職の男女比等となっている。この結果からも、日本における女性の経済参画には大きな課題があり、重点的に取り組むことの必要性がうかがえる。

(2) 男女共同参画と女性活躍

ここまで女性活躍が必要とされる社会的背景について述べてきたが、本節では女性活躍推進施策と男女共同参画施策の関係について確認してみたい。

国が設置する男女共同参画会議における「男女共同参画・女性活躍の推進に向けた重点取組事項について」（平成 28 年 5 月 13 日）では、「（第 4 次男女共同参画）基本計画に掲げた成果目標を着実に達成するため、取組を更に加速させていく必要がある」とし、

・長時間労働等に代表される働き方や男性の家事・育児等への参画が進まない現状等の変革

・女性活躍推進法の着実な施行等による女性の積極的な採用・登用や将来指導的地位へ成長し

ていく女性の育成などポジティブ・アクションの推進

・ひとり親など生活上の困難に置かれた女性への対応や女性に対する暴力の根絶など安全・安心な暮らしの実現

を中心とした重点的な取組を求めている。ここに掲げられている1つ目は、基本計画の第1分野に、2つ目は第2分野、3つ目は第7、8分野に該当するが、職業生活における女性の活躍に対する部分に重点が置かれたものとなっていることがわかる。

こうした動きを踏まえて、地方公共団体および男女共同参画センターにおいて男女共同参画・女性活躍を担当する際に必要と思われる視点について考えてみたい。

女性活躍推進施策と男女共同参画施策の関係

平成28年4月からの政府における第4次男女共同参画計画の実施や女性活躍推進法の施行により、各地域の男女共同参画担当部局においても実施事業の内容が職業生活における女性活躍に関するものへシフトしてきていると考えられる。こうした急速な動きにより、住民にとっては、女性活躍推進施策と男女共同参画推進施策の区別がつけにくくなっている現状もあり、その違いや共通点といった両者の関係をしっかりと確認しておく必要がある。

図表I-3-1 第4次男女共同参画基本計画の12分野

I	あらゆる分野における女性の活躍
第1分野	男性中心型労働慣行等の変革と女性の活躍
第2分野	政策・方針決定過程への女性の参画拡大
第3分野	雇用等における男女共同参画の推進と仕事と生活の調和
第4分野	地域・農山漁村、環境分野における男女共同参画の推進
第5分野	科学技術・学術における男女共同参画の推進
II	安全・安心な暮らしの実現
第6分野	生涯を通じた女性の健康支援
第7分野	女性に対するあらゆる暴力の根絶
第8分野	貧困、高齢、障害等により困難を抱えた女性等が安心して暮らせる環境の整備
III	男女共同参画社会の実現に向けた基盤の整備
第9分野	男女共同参画の視点に立った各種制度等の整備
第10分野	教育・メディア等を通じた意識改革、理解の促進
第11分野	男女共同参画の視点に立った防災・復興体制の確立
第12分野	男女共同参画に関する国際的な協調及び貢献

参考として、国の基本計画における 12 の分野を示した。職業生活における女性活躍は、本書の第 1 章に述べられているとおり、急速な少子高齢化による人口減少社会の到来のなかで、「成長戦略」の中核に置かれた経済成長政策の一環に位置づくものといえる。

最初に述べた社会的背景からすれば、女性の政治・経済参画が世界的にも遅れを取るなかで必要かつ重要な施策であるが、男女共同参画施策全体のなかでは一部の分野であること、そして男女共同参画施策は経済成長戦略とは違う理念を持っていることを理解したうえで施策展開していくことが大切である。

また、女性活躍推進法の第 1 条には、目的として「近年、自らの意思によって職業生活を営み、又は営もうとする女性がその個性と能力を十分に発揮して職業生活において活躍することが一層重要となっていることに鑑み、男女共同参画社会基本法の基本理念にのっとり、女性の職業生活における活躍の推進について、その基本原則を定め、並びに国、地方公共団体及び事業主の責務を明らかにする」ことが明記されており、行政機関においては、男女共同参画基本法の理念に基づいた女性活躍推進施策を展開していく必要がある。

基本法に掲げられた、男女共同参画社会を実現するための 5 つの柱とは、1 男女の人権の尊重、2 社会における制度又は慣行についての配慮、3 政策等の立案及び決定への共同参画、4 家庭生活における活動と他の活動の両立、5 国際的協調であり、この基本理念を常に意識しておくことが重要であろう。

(3)　男女共同参画の視点による女性活躍推進施策

男女共同参画の視点による女性活躍の推進について具体的に考えてみたい。例えば、企業における女性活躍を推進する際、「女性の積極的な管理職への登用等は、女性に対する優遇措置であり、逆に男性に対する差別にあたらないか」という質問を受けることがある。ここには 2 つの認識不足がある。1 つは、男女の賃金格差や管理職・専門職に占める女性の割合等、職業生活において女性は男性と比べ圧倒的に不利な状態にあるという現状認識である。もう 1 つは、「積極的改善措置」に対する認識である。男女間の格差を改善するために必要な範囲内において、男女のいずれか一方に対して当該機会を提供することは、男女共同参画社会基本法の第 2 条に「積極的改善措置」として規定されている。また、女性活躍の関連としては、男女雇用機会均等法（略称）の第 8 条にも「女性労働者に係る措置に関する特例」が規定されている。こうした認識が不足しているために、「女性活躍」が男性に対する差別的なものと捉える人もおり、誤解を解くためには施策のなかで、職業生活における女性活躍の現状、積極的改善措置が法律で規定されていることを住民に伝え、理解を得ることが大切である。

特に「積極的改善措置」については、「ポジティブ・アクション」という言葉が使われるが、この言葉の周知度は 18.0％とまだまだ低いことも課題である。

図表 I-3-2　男女共同参画に関する用語の周知度

男女雇用機会均等法	80.1%
男女共同参画社会	66.6%
仕事と生活の調和（ワーク・ライフ・バランス）	42.2%
女性活躍推進法	39.3%
ポジティブ・アクション（積極的改善措置）	18.0%

出典：内閣府「男女共同参画社会に関する世論調査」（平成 28 年度）

　また、現在の重要な政策課題として、男性中心型労働慣行等の変革、いわゆる働き方改革がある。これは、男性の長時間労働を解消し、家事・育児・介護や地域社会への参画を促進するものであり、ワーク・ライフ・バランス推進の先に、固定的な役割分担意識の解消があることを踏まえた施策の展開が必要となる。さらに、男性中心型労働慣行等の変革と女性活躍の推進を一体のものと捉えることで、より実効性の高い事業ができる。

❷　地方公共団体における庁内連携の現状と課題

(1)　政府における推進体制

　男女共同参画社会の実現に向けた政府の推進体制については、平成 13 年の中央省庁再編により行政各部の施策の総合調整を主な所掌事務とする内閣府に、重要政策に関する会議の 1 つとして、議長を内閣官房長官、議員を各省大臣等および学識経験者とする「男女共同参画会議」が新設された。同会議は、男女共同参画社会の形成の促進に関する基本的な方針や重要事項の調査審議を行うことを主な所掌事務としている。

　また、行政組織の強化として男女共同参画社会の形成の促進を図るための基本的な政策に関する事項の企画・立案、総合調整を主な所掌事務とする男女共同参画局が内閣府に設置された。

　さらに、各府省においても、副大臣を本部長とし、関係各部局の局長を構成員とする男女共同参画推進体制が整備されている。

(2)　地方公共団体における推進体制の課題

　男女共同参画に関する施策は、あらゆる分野で実施されることが重要であることから、担当部

局には、事業の企画・立案・実施、広報・啓発のみならず、施策を総合的に捉え、体系立て、計画的に実施するための調整機能が強く求められている。

　従来は、女性関連施策として主に福祉・教育関係部局との連携が強かったと考えられるが、現在の政策課題である「女性活躍の推進」については、労働や産業振興関係部局等、より幅広い部局との連携を図り、総合的に男女共同参画・女性活躍施策の推進体制を整備する必要がある。

　しかし、地方公共団体の行政組織も国と同様の機能別に構成された、いわゆる縦割りになっている。行政機関は、産業、土木、福祉、教育等、対象範囲が幅広く、業務や組織の効率性という観点からも、こうした組織構成になることは当然であり、それぞれの部局が担当する個別課題への対応については強みがある。ただ、地方公共団体には、政府の置く内閣府のような連絡調整を主な所掌業務とする機関は存在しないため、部局横断的な政策課題への対応には課題もある。

　例えば、広範な分野にわたる事業であっても担当部局を明確にすれば、その事業に対する権限は基本的に担当部局が持つこととなる。また、予算獲得についても他部局との事業重複を避けることに細心の注意が必要とされ、そのうえで事業の企画・立案がなされるため、部局横断的なテーマでの事業展開が難しい面もある。

　もちろん、こうした現状は男女共同参画の基本計画や女性活躍の推進計画を策定する際に、各部局の役割分担を明確にしたうえで連携を図ればある程度解消されるものである。男女共同参画部局の担当職員においては、強い縦割り意識ではなく、総合的・体系的に施策全体を捉え、関係部局との連携による事業を企画・立案していくことが大切である。

(3)　都道府県と市区町村における連携体制の課題

　女性活躍推進法の完全施行により、内閣府の地域女性活躍推進交付金等を利用した女性活躍関連事業が各地域で数多く実施されている。特に、女性の継続就業や管理職登用に向けた意識の醸成、女性同士のネットワーク構築をねらいとした「女性活躍シンポジウム」、経営者層や管理職、人事・労務担当者等の意識改革をねらいとした「経営者・管理職向けセミナー」、「イクボス養成講座」、女性の創業支援を目的とした「女性起業塾」等は、都道府県、市区町村を問わず数多く開催されている。各地域において、こうした事業への参加機会が増え、女性活躍がより一層推進されることは望ましいことであるが、一方で同一地域内において類似した事業が数多く開催され、主催者や申込方法、問い合わせ先等がわかりにくく、自分のニーズに合った事業を探すことが難しいとの住民からの意見もある。また、行政と民間企業、経済団体等による女性活躍推進を目的とした連携組織の構築も各地域で行われているが、地域の主要企業や経済団体からは、国、都道府県、市区町村それぞれから組織への参加要請があり、効率化できないかとの意見も多い。

　さらに、女性活躍の関連事業は都市部に集中する傾向が強く、都道府県と市区町村との連携により地域間格差を解消していくことも重要である。

❸ 地方公共団体における女性活躍推進体制の整備に向けて

(1) 女性活躍推進計画の策定と庁内連携体制の強化

　女性活躍推進法では、地方公共団体において当該区域内の女性の職業生活における活躍についての推進計画を策定することが努力義務となっている。平成28年12月時点の内閣府ホームページの公表データによると、すべての都道府県が策定済または平成28年度中の策定予定となっている。政令指定都市においても、時期は異なるものの、ほぼすべてにおいて策定済または策定予定となっている。

　推進計画を策定することは、女性活躍関連施策を部局横断的な視点から総合的に捉え、整合性をもって効果的に推進するうえで有効である。計画策定にあたっては、庁内に連携組織を設置する、または既存の組織を活用する方法等が挙げられるが、この計画策定を庁内連携強化のきっかけにすることも重要な考え方である。

　近年、子育て支援や女性活躍に対応する庁内横断的なプロジェクトチーム等を結成する地方公共団体も見られるようになってきた。こうした連絡会議等の設置により、行政全体として推進体制を整備することは有効な手段の1つである。その横断的な組織のなかで、各部局が男女共同参画・女性活躍の基本理念や全庁的に取り組むことの必要性等の共通認識を持つことが重要である。さらに、一歩踏み込んで、各地域における優れた取組の紹介や課題の共有をはじめ、共通のテーマで取り組める事業の企画・立案等ができれば一層進んだ施策展開が可能となるだろう。

(2) 都道府県と市区町村との連携のあり方

　前節では、課題として都道府県、市区町村ともに共通する内容の事業が多く、住民にとって事業の情報がわかりづらい、地域の主要企業や経済団体等の負担が大きいとの課題を示した。こうした課題を解決する1つの手段として、女性活躍情報の効果的な発信がある。

　現在、多くの都道府県で女性活躍情報の発信サイトを構築している。これを用い、市区町村の女性活躍関連事業や女性を対象とした支援機関の情報を収集し、総合的に情報発信することで、利便性を高め、活躍に向けて行動しようとする女性の後押しが可能となる。特に、地域別の女性支援機関の情報や目的・対象別のセミナー情報、そして女性活躍に取り組む企業の情報や取組事例の効果的な公表により、サイトの利用価値は高まっていくと考えられる。都道府県の男女共同参画担当部局は、定期的に庁内および市区町村の関連事業について情報収集を行い、情報共有を図ることによって、各地域の実施事業の内容や施策の進捗状況を把握することができ、都道府県と市区町村間の連携をさらに強化するとともに、効果的な事業の企画・立案が可能になる等の効

果も期待できる。

(3)　男女共同参画担当部局と男女共同参画センターとの連携

　本書第2章で述べられているとおり、各地域の男女共同参画センターは指定管理制度の導入により、「公設民営」化が進んでいる。こうした背景から、本節では担当部局とセンターとの事業運営における連携について触れておきたい。指定管理者による事業運営の割合は、都道府県30.0％、政令指定都市61.9％、市町村19.7％となっている。

　各センターにおいては、所管する行政機関における基本計画や委託の際の仕様等に基づいて様々な事業が展開されているが、担当部局は事業の進捗状況の確認や評価にとどまらず、定期的な情報交換や意見交換により、地域の男女共同参画・女性活躍事業の課題等に対する共通認識を持つことや、事業の共同企画等によりそれぞれの知識や技術の向上を図り、事業の質を高めていくことも大切である。また、都道府県のセンターにおいては、担当部局からの情報をもとに取組が十分でない地域での事業支援や情報提供等、事業効果を高めるための連携も大切である。

(4)　地域の課題に対応した施策推進のために

　本章では、女性活躍が必要とされる社会的背景、男女共同参画と女性活躍推進施策との関係、そして地方公共団体における庁内および行政機関相互間の連携の課題とあり方について述べてきた。本章の内容は一般的な課題を想定して書いたものであるが、実際の男女共同参画・女性活躍を推進する際には、地域によって課題や必要とされる取組が大きく異なる。

　例えば、人口減少対策として、移住定住施策と結びつけた女性活躍もあれば、子育て支援を前面に出した女性活躍もある。また、地域のブランディングと関連づけた女性起業家支援や育児中の女性に対する就業支援の取組等、様々であり、地域の特性を活かし特色のある施策を展開するためには、より幅広い部局と連携を図ることが大切である。

　また、企業における女性活躍の推進についても、業種や規模、地域性、経営層の考え方等により、必要とされる支援策が異なってくる。

　これからの男女共同参画担当部局には、施策を総合的・体系的に捉えたうえで、庁内の関係部局、都道府県と市区町村、所管する男女共同参画センターと効果的な連携を図るための連絡調整（コーディネート）機能の強化が必要とされている。担当職員においても、社会状況の変化や地域における施策の進捗状況等の把握に努め、地域課題の解決に向けて必要な部局との連携を図りながら、事業を企画・立案・実施することが重要になるものと考えられる。

第Ⅰ部　　男女共同参画推進の拠点の役割　Ⅰ-4

第Ⅰ部

第4章

男女共同参画推進の拠点の役割

中野　洋恵

　本章では、男女共同参画部署と男女共同参画センターの役割を確認し、女性の活躍促進という現在の動きのなかで、どのような課題があるのかを考える。1 男女共同参画基本法成立以降の地方公共団体の位置づけ、2 男女共同参画センターの前身である婦人会館の設立から今日の男女共同参画センターに至る歴史的動向とセンターの役割、3 男女共同参画担当部署や男女共同参画センターをめぐる最近の動き、4 今後の課題に区分して述べる。

1 男女共同参画担当部署の位置づけ

　平成 11 年に成立した「男女共同参画社会基本法」では「地方公共団体の責務」として、第 9 条に「地方公共団体は、基本理念にのっとり、男女共同参画社会の形成の促進に関し、国の施策に準じた施策及びその他のその地方公共団体の区域の特性に応じた施策を策定し、及び実施する責務を有する」とされ、第 14 条では、「都道府県は、男女共同参画基本計画を勘案して、当該都道府県の区域における男女共同参画社会の形成の促進に関する施策についての基本的な計画を定めなければならない。市町村は、男女共同参画基本計画及び都道府県男女共同参画計画を勘案して、当該市町村の区域における男女共同参画社会の形成の促進に関する施策についての基本的な計画を定めるように努めなければならない」とされている。つまり、都道府県は男女共同参画に関する基本的な計画を定めることが義務化されており、市町村でも努力義務である。この、基本法に基づいて、都道府県、指定都市、市区町村では、男女共同参画に関する条例や、男女共同参画に関する計画が策定されている。はじめに、男女共同参画に関する条例や計画の策定状況を見てみよう。

　都道府県・政令指定都市で見ると、千葉県を除くすべての都道府県・政令指定都市で男女共同参画に関する条例が制定されている。市区町村を見ると、全体では 1,741 市区町村のうち条例が制定されているのは 599 市町村で 34.4%、市区で 56.0%、町村で 15.5% と少なくなっている。都道府県による差も大きい。市区町村の条例制定率が高いのは石川県（100.0%）、大分県（100.0%）、鳥取県（94.7%）で 9 割を超えているが、青森県（5.0%）、群馬県（8.6%）、和歌山県（3.3%）で 1 割に満たない。都道府県によってかなりバラツキが見られる(第Ⅰ部第 5 章図表Ⅰ-5-13 参照)。

41

次に男女共同参画に関する計画について見ると、都道府県・政令指定都市ではすべて策定され、市区町村でも 73.3% と条例制定率よりも高くなっている。市区町村を見ると、市区では 97.2% であるのに対して、町村では 52.6% と半数程度にとどまっている。男女共同参画に関する計画についても都道府県による差が大きく、策定率が 100.0%（都道府県内のすべての市町村で計画が策定されている）は青森県、秋田県、埼玉県、富山県、石川県、鳥取県、広島県、愛媛県、佐賀県、熊本県、大分県の 11 県である。茨城県（97.7%）、福井県（94.1%）、岐阜県（92.9%）、愛知県（90.7%）、三重県（96.6%）、大阪府（97.7%）、鹿児島県（95.3%）で 9 割以上の策定率は 18 府県となっている。一方で、北海道（22.9%）、奈良県（30.8%）、徳島県（45.8%）、沖縄県（43.9%）は半数に届かず、条例同様、都道府県によってバラツキが見られる（第 I 部第 5 章図表 I-5-14 参照）。男女共同参画条例と男女共同参画計画の策定率を比較すると、条例は計画よりも低い数値にとどまっている。もちろん、条例が制定されていなくても計画があれば、男女共同参画に関する施策を進めることは可能である。しかし、条例は男女共同参画社会の実現のために、行政機関だけでなく企業や団体、住民一人ひとりが何をしなければならないかを議会承認を得て決められるものである。条例には義務や罰則を盛り込むこともできる。つまり、条例として明文化することによって今後の推進基盤が強化され、継続性が確保されると考えられるだろう。第 4 次男女共同参画基本計画においても「男女共同参画の推進に関する条例の制定に当たっては、必要に応じ、他の地方公共団体の状況を含め、適切な情報提供を行う」と記載されている。

② 男女共同参画センターの役割

(1) 男女共同参画センターの推移

国立女性教育会館の女性関連施設データベースによれば、平成 27 年 8 月現在で全国に 383 施設が存在する。このデータベースでは、男女共同参画センターを以下のように規定している。

- 女性を主な対象として、女性の地位向上・男女共同参画社会の推進等を目的として各種の研修・交流・情報提供・相談等の事業を行っている施設。
- 女性団体・グループ等の活動の拠点として、女性の資質・能力の開発や知識・技能の向上を図ることを主たる目的として設置された施設。

男女共同参画センターの歴史は古く、その前身は「婦人会館」である。遡ってみると設立されたのは戦前で、設立当初は「婦人会館」という名称で、民間の婦人団体の活動の拠点として設立されたといわれている。初めての全国規模の「婦人会館」は大正 4 年に設立された東京 YWCA で、昭和 11 年には日本女子会館がオープンした。戦後になると婦選会館、主婦会館、全国婦人会館

等が設立された。地方でも地域婦人団体の活動拠点として主に県庁所在地に設立された。初の公立婦人会館は大阪市の市立婦人会館（現在の大阪市男女共同参画センター「クレオ大阪」）で昭和37年に建設された（大阪市立婦人会館編 1998）。初期のセンターは、女性たちが自分たちの活動をより充実させるための場がほしいという思いから、婦人団体の活動の拠点として設立され、「婦人会館」という名称が多い。その後、昭和50年の国連婦人年を契機に女性政策が行政課題になり、昭和52年に国立婦人教育会館（現 国立女性教育会館）が文部省の付属機関として開館すると、全国的に公設公営の女性センターが設立されるようになった。平成11年に男女共同参画社会基本法が成立すると、公設公営の男女共同参画センターという名称のセンターが多数開館することとなった（図表I-4-1）。

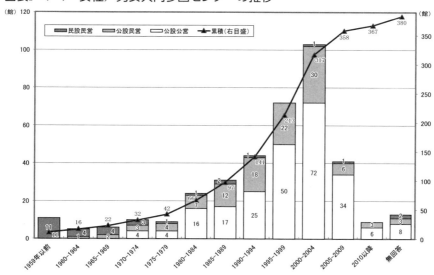

図表I-4-1　女性／男女共同参画センターの推移

出典：国立女性教育会館「女性関連施設データベース」2014年調査の回答をもとに作成
注1：累計数は設立年不明を含まない　注2：各年度の設立館数は運営形態無回答を含まない

　男女共同参画センターには女性問題の解決、女性のエンパワーメントのための様々な取組とともに、男女共同参画社会の形成を促進するための活動が求められている。「配偶者暴力相談支援センター」に指定されているセンターや配偶者からの暴力専門の窓口を設置しているセンターもある。

　男女共同参画センターでは様々な取組として、学習や相談、情報収集や発信、交流、調査研究等が実施されているが、それらの取組が個々バラバラに行われているのではなく、つながりを持って展開されていることが特徴である。学習と相談、学習と交流、学習と情報、相談と情報等が結びつくことによって新たな事業へと展開していくのである。また、個々の女性がエンパワーするだけではなく、個人の変化がつながり合って社会の変化へと広がっていく、そのための場が男女共同参画センターだと捉えられてきた。男女共同参画センターを研究している内藤は男女共同参画センターの使命は「女性のエンパワーメントをはじめとするジェンダー平等社会への変化を地

域社会に生み出していくこと」であり、センターの活動、機能に接した個々人が賦活され、その人々から新たな行動やつながりが生まれ、ひいては地域社会に変化が生み出されていく「成果・変化の共鳴装置」と位置づけている[1]。

（2）運営形態

このような経緯で設立されてきたために、運営形態は前述の通り「民設民営」「公設公営」「公設民営」等、様々である。さらに、平成15年の地方自治法の一部改正によって、公の施設の管理については指定管理者制度が導入されたことによって「公設民営」化が進んだ。指定管理者制度、民間の能力を活用することによって効果的、効率的な管理を行うことを目的とする制度である。公設の男女共同参画センターを含むスポーツ施設、文化施設、社会福祉施設等の公の施設は、改正以前には管理を外部に委託する場合には、公共的団体（いわゆる外部団体）に限定されていたが、改正後は民間事業者やNPO法人の参入が可能になった。

地方公共団体が設置した男女共同参画センターについて見ると、指定管理は施設（建物）と事業運営両方に導入されている。都道府県レベルでは施設管理を指定管理者が行っているのは57.8％で半数を超えている。政令指定都市ではさらに指定管理制度の導入が進んでおり、75.0％を占める。一方で、市町村レベルでは指定管理28.8％、直営66.1％である。事業運営は施設管理よりも指定管理者の割合は少ないが、都道府県では30.0％、政令指定都市では61.9％、市町村では19.7％であり、都道府県、政令指定都市、市町村の差は大きい（図表I-4-2）。

センターの役割は都道府県のセンターか市町村のセンターかによって異なっている。都道府県のセンターは、全県域の男女共同参画を進めていくことが求められている。県内の男女共同参画センターや女性団体・グループのネットワークをつくったり、男女共同参画センターがなく、男女共同参画の取組が弱い市町村と連携して事業を実施している。市町村のセンターは地域に密着し、地域住民のニーズに沿った事業展開が望まれている。

図表I-4-2　男女共同参画センターの管理形態

	施設管理				事業運営			
	直営	指定管理者	その他	計	直営	指定管理者	その他	計
都道府県	18	26	1	14	25	15	10	50
	40.0%	57.8%	2.2%	100.0%	50.0%	30.0%	20.0%	100.0%
政令指定都市	4	15	0	20	6	13	2	21
	20.0%	75.0%	0.0%	100.0%	28.6%	61.9%	9.5%	100.0%
市町村	193	84	15	292	217	58	20	295
	66.1%	28.8%	5.1%	100.0%	73.6%	19.7%	6.8%	100.0%
計	215	125	16	357	248	86	32	366
	60.2%	35.0%	4.5%	100.0%	67.8%	23.5%	8.7%	100.0%

出典：内閣府男女共同参画局『地方公共団体における男女共同参画社会形成又は女性に関する施策の進捗状況（平成27年度）』より作成

---

[1] 2016年2月に行われたトークフォーラムin With Youさいたまフェスティバル「男女共同参画センターについて大いに語りましょう」における内藤和美報告。

（3）実施されている事業

　都道府県、市町村が設置している男女共同参画センターで実施されている事業には、「広報・啓発」「講座」「相談事業」「情報提供・収集」「交流促進」「国際交流」「調査研究」等がある。男女共同参画意識の醸成や女性の人権について、DVや性暴力、セクシュアルハラスメントといった「女性に対する暴力」、ワーク・ライフ・バランスをテーマとする「広報・啓発」、女性のキャリアプランを考える講座、女性の起業支援、アサーティブネストレーニング、パソコン講座、女性の起業支援の講座が実施されている。さらに、男性を対象とした講座として「父親と子どもの料理教室」や「男性の生き方講座」等の事業も実施されている。相談事業としては配偶者からの暴力（DV）、交際相手からの暴力（デートDV）、夫婦や親子の問題、生き方、職場の人間関係等女性が抱える様々な悩みの相談を受け付けている。男女共同参画に関する情報の収集も行っており、センター内の図書室や情報コーナーで図書や雑誌、ビデオ等の閲覧、貸し出しをしていたり、男女共同参画に関するリーフレットや広報誌、パネル等を作成している。その他、女性グループや団体の交流の機会をつくったり、講座を修了した女性たちのネットワークをつくるといった交流事業も行っている。

　都道府県、政令指定都市、市町村によって状況は異なるが、もっとも多く実施されているのは、「情報収集・提供」「広報・啓発」「講座・セミナー」「相談」であり、約8割の男女共同参画センターで実施されている。「交流促進」は政令指定都市では90.0%と高いが、市町村では58.2%にとどまっている。「企業・NPO法人との連携・働きかけ」は都道府県では68.9%、政令指定都市では60.0%あるものの、地町村では30.5%とその差が大きい。「国際交流」は低調で全体では10%に満たない。調査研究は全体では28.9%にとどまるが、政令指定都市では60.0%で実施されている（図表I-4-3）。

　「情報収集・提供」「広報・啓発」「講座・セミナー」「相談」の充実は、どのセンターにも共通する課題である。

図表I-4-3　男女共同参画センターの事業

	広報・啓発	講座	相談事業	情報収集・提供	交流促進	企業・NPOとの連携	国際交流	調査研究
都道府県	41	41	43	42	37	31	3	6
	91.1%	91.1%	95.6%	93.3%	82.2%	68.9%	6.7%	13.3%
政令指定都市	16	17	17	18	18	12	3	12
	80.0%	85.0%	85.0%	90.0%	90.0%	60.0%	15.0%	60.0%
市町村	228	218	211	228	170	89	27	85
	78.1%	74.7%	72.3%	78.1%	58.2%	30.5%	9.2%	29.1%
計	285	276	271	288	225	132	33	103
	79.8%	77.3%	75.9%	80.7%	63.0%	37.0%	9.2%	28.9%

出典：内閣府男女共同参画局『地方公共団体における男女共同参画社会形成又は女性に関する施策の進捗状況（平成27年度）』より作成

都道府県のセンターでは市町村の職員研修も実施されている。例えば埼玉県のセンターである「With You さいたま」では市町村男女共同担当職員研修が主要な事業の1つに位置づけられている。この研修は県内市町村の男女共同参画担当職員を対象とする職員のスキルアップと職員同士の横のつながりをつくることを目的に毎年実施されている。

埼玉県は市町村の条例制定率が 52.4%、男女共同参画に関する計画の策定率は 100% で、制度は整っているが、実際には男女共同参画を主たる任務にしている担当課はそれほど多くなく、総務課や人権推進課といった幅広い任務を持つ課のなかで特定の職員が担当者として職務を遂行していることも多い。そうした体制のなかで、担当職員は男女共同参画計画の進行の管理や見直し、年次報告のとりまとめ、庁内推進体制の整備、委員会の開催、意識調査、セミナー、広報誌の発行、市民との共同事業の企画・運営等多岐にわたる業務を行っている。しかし、経験年数の短い職員が担当していることも多く、相談する人もいないという課題もあり、この職員研修は重要とされている。この研修の内容は、男女共同参画の基礎的な情報提供やテーマを設定した講義や事例報告（例えば、災害・防災と男女共同参画等）、ネットワークづくりを目的としたグループワーク等から成り立っている。参加者からの評価は高く、毎年その充実が図られている。

❸ 男女共同参画担当部署と男女共同参画センターをめぐる新たな動き

第1章で詳しく述べられているように、平成24年12月に発足した第2次安倍内閣では、女性の「力を我が国最大の潜在力」と捉えている。少子高齢化が進むなかで、国民一人ひとりが豊かさを実感できる社会を実現するためには経済社会構造の抜本的な変革を進めることが求められており、女性の力は不可欠なものとして国の成長戦略の中核に位置づけられた。その後、「日本再興戦略」（平成25年）に続く、翌年の「日本再興戦略」改訂2014では「女性の力」は、人材の確保だけにとどまらず、企業活動、行政、地域等の現場に多様な価値観や創意工夫をもたらし、家族や地域の価値を大切にしつつ社会全体に活力を与えるものとされた。平成27年8月には、女性活躍推進法が成立し（平成28年4月施行）、女性の活躍を進める法制度の整備は着実に整備されつつある。この法律では、地方公共団体（都道府県、市町村）は当該地域内における女性の職業生活における活躍についての推進計画を策定することが努力義務とされている。

こうした政策の動きのなかで地域が取り組む課題は大きくなり、地方公共団体の男女共同参画関連部署や男女共同参画センターに課せられる課題や期待も変わってきた。

平成26年12月に閣議決定された「まち・ひと・しごと創世長期ビジョン」および「まち・ひと・しごと統制総合戦略」では地域における女性の活躍の重要性を踏まえた取組を実施することが地

方公共団体に求められている。これに対しては、「地域女性活躍加速交付金」（平成 25、26 年度）、「地域女性活躍推進交付金」（平成 26、27 年度）、「地域における女性活躍推進モデル事業」等の国の助成金を活用することによって進められてきた。平成 27 年度の補正予算、「地域女性活躍推進交付金」は女性の活躍推進法に基づき、地域における女性の活躍を迅速かつ重点的に推進することを目的に、多様な主体による連携体制のもと、女性活躍推進法に基づく協議会を活用した継続就業を支援するしくみづくりやワンストップ支援体制の整備を支援するものである。協議会のプレイヤーの一員として行政担当部署や男女共同参画センターが位置づけられている。

平成 28 年 5 月に男女共同参画会議が出した「男女共同参画・女性活躍の推進に向けた重点取組事項」でも、あらゆる分野における女性の活躍のために「地域での男女共同参画拠点としての男女共同参画センターの活用促進」が挙げられている。そして、地域における女性活躍促進のために「男女共同参画センターにおけるライフステージに応じた様々な相談にワンストップできめ細やかに対応する支援体制の整備など地域の課題解決に向けた独自の取組を地方公共団体が実施できるよう、交付金等による支援を充実するべきである」と記載されている。これまで以上に女性の活躍に向けて、男女共同参画部署や男女共同参画センターへの期待は大きくなっている。

4　今後の課題

今回の調査研究では「女性の活躍推進」が重視される地域が取り組む課題として、「経済団体や企業とつながる新たな取組」「起業の支援」「働くに至るプロセスの支援」「地域自治における女性の参画推進」「農林分野における女性の活躍推進」をテーマに質問紙調査を実施し、その結果を基に効果的な取組についてインタビュー調査を実施した。この調査からも、女性の活躍推進を進めるためには多面的に施策を講じる必要があり、課題が多様化するなかで、他機関、他団体、企業等とのネットワークや新たな連携が不可欠になっていることが明らかとなった。男女共同参画部署や男女共同参画センターだけで対応することは難しい。「女性活躍推進課」が新たに設置されたり、まちづくり課、企画経営課、農政課等が中心になって進めている事例には男女共同参画担当部署や男女共同参画センターがかかわっていない事業も見られた。女性の活躍推進の事業が様々なセクションで実施されることは、男女共同参画部署だけで進めるよりもより広い事業展開が可能になり、女性の活躍推進や男女共同参画が名実ともに進んで行くことが期待される。

しかし、それぞれの部署がバラバラに事業を実施しているだけでは大きな効果は得られない。そこで重要になるのが情報の一元化や庁内の連携である。内閣府男女共同参画局では「女性応援ポータルサイト」[2]を開設している。

これは、「子育て・介護など」「仕事」「地域・起業」「健康」「安全・安心」「情報・連携」の 6

分野で、それぞれの省庁が行っている事業を一元化して発信している。いくつかの都道府県や市町村でも同様な庁内の情報を一元化する取組や庁内の連携会議も見られた。

また、庁内だけでなく地域の企業、団体、グループとの新たな連携も具体化しつつあることも明らかになった。平成 27 年 12 月に策定された「第 4 次男女共同参画基本計画」には、「地域における男女共同参画を推進するためには、地方公共団体や男女共同参画センター、民間団体の積極的な取組が重要であり、関係機関等がそれぞれの機能を十分に発揮するとともに、関係機関等間で連携することができるよう、推進体制を整備・強化に向けた支援の充実を図る」と記載されている。第 1 章で指摘されているように、地方公共団体や男女共同参画センターの取組の強化、多様な主体との連携が求められている。

しかし、連携は重要だが、形ばかりの女性の活躍推進の連携協議会をつくっても意味がない。いかに実効性のある連携をつくっていくか、連携することによってこれまでできなかった何ができるのか、連携がそれぞれの機関や団体にとってどのようなメリットがあるのか等を考える必要があるだろう。そのためには連携するそれぞれの機関や団体・グループ、企業等は何ができるのか、それぞれが持つ「強み」を明確化することが求められる。男女共同参画センターの「強み」は何だろう。それぞれのセンターで確認する作業が必要だが、これまでの事業の蓄積、研修、情報提供、女性グループ・団体の自主的活動の場の提供、相談、調査研究等多様な事業の蓄積を持っていること、また、NPO、NGO、住民等の活動を支援する男女共同参画の推進の拠点であることから、男女共同参画を進める様々な女性団体やグループとのネットワークを持っていること、相談事業からは女性たちが抱えている悩みや困難さを聞くことができること等が男女共同参画センターの持つ「強み」になると考えられる。

男女共同参画社会の実現のためには、どこまで男女共同参画が進み、何が課題として残っているのかを常に監視していくことが不可欠である。そのために地方公共団体にはそれぞれの男女共同参画のための計画がある。この計画に即して男女共同参画の進捗状況を評価し、新たな計画につなげていくことが求められている。女性の活躍がどれくらい進んでいるのか、安全・安心な暮らしの実現のために、女性の人権にかかわる暴力や貧困問題がどうなっているのか、人々のなかに形成された性別に基づく固定的な性別役割分担意識や性差に関する偏見が解消されているのか等を明らかにし、今後の計画をつくることは男女共同参画部署に課せられた責務であるといえる。

【参考文献】

・大阪市立婦人会館編 , 1998,『大阪市立婦人会館 35 年のあゆみ』大阪市教育委員会 .
・志熊敦子 , 1997,「エンパワーメントと女性の教育・学習－国の婦人教育施策の系譜からみる」国立婦人教育会館編『国立婦人教育 会館研究紀要』創刊号 .

---

2 「女性応援ポータルサイト」http://www.gender.go.jp/policy/sokushin/ouen/index.html

第Ⅰ部 第5章 図表でみる都道府県のすがた

飯島 絵理

　女性の活躍推進が必要とされる背景には、急激に変化する日本社会の現状がある。取り組むべき課題は、様々な分野にわたっているが、どの分野においても性別による格差がある。これらの格差の是正には、地域の実情によって異なるアプローチが必要となるだろう。ここでは、人口、労働、子育て環境・教育、男女共同参画施策、および意識にかかわる男女共同参画の現状を、都道府県別のデータを通して概観する。なお、日本地図は、それぞれ凡例に示した区分で色分けしている。

1 男女共同参画にかかわる現状

人口

　図表Ⅰ－5－1は、人口増減の状況を示している。東京都、埼玉県、神奈川県、千葉県の関東4都県、および愛知県、滋賀県、福岡県、沖縄県の計8県を除いて、人口は減少している。人口減少・流出に対する対策として、各地において、結婚・出産・子育てがしやすい環境づくりやワーク・ライフ・バランスの推進の取組が行われているところである。職場や地域等、社会における様々な分野において、女性が活躍し参画できる環境・風土は、男女がともに暮らしやすい社会の実現のためにも、また持続可能な社会の実現のためにも不可欠となっている。

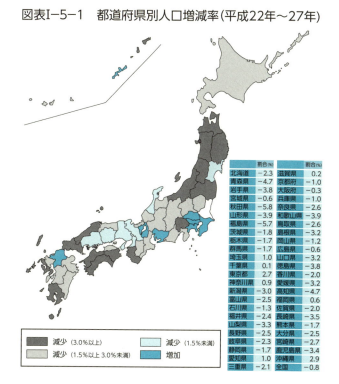

図表Ⅰ－5－1　都道府県別人口増減率（平成22年〜27年）

労働

　図表Ⅰ－5－2は、女性の有業率を示している。濃い青色は、50.0％以上の都道府県であるが、佐賀県以外は、関東と中部の地域に固まっているのがわかる。反対に、比較的労働力率の低い45.0％未満は奈良県、兵庫県、和歌山県の関西3県および北海道と秋田県である。表には男性の有業率もあわせて示している。全国平均では、女性48.2％に対して男性68.8％と20ポイントの差がある。

図表Ⅰ－5－2　都道府県別女性の有業率（平成24年）

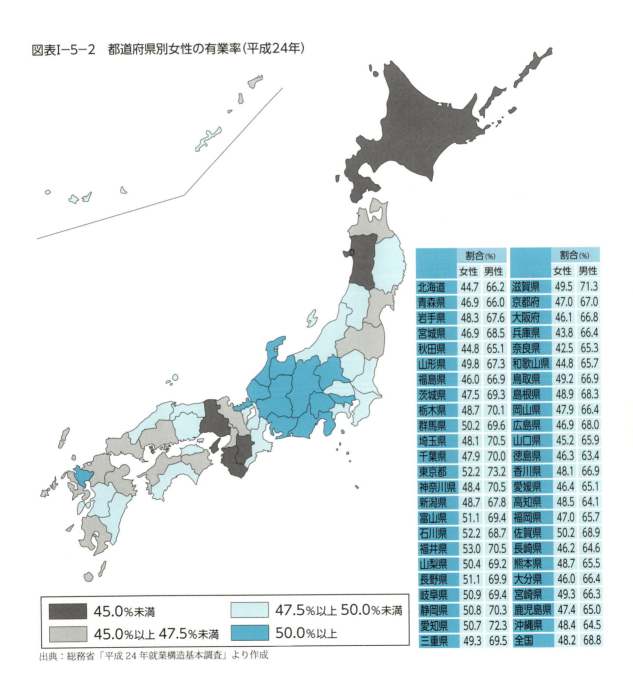

出典：総務省「平成24年就業構造基本調査」より作成

図表Ⅰ－5－3は、女性の有業率について、年齢を25～44歳に絞って示したものである。15歳以上の有業率を示した図表Ⅰ－5－2とは、色の分布が異なっているのがわかる。有業率が比較的高い80.0％以上は、山形県、島根県、福井県の3県となっている。図表Ⅰ－5－2において有業率が比較的高い中部圏は、この年齢階級に絞ると高くない県が多い。なお、第4次男女共同参画基本計画では、「25歳から44歳までの女性の就業率」の成果目標の値を77.0％（2020年）と定めている。

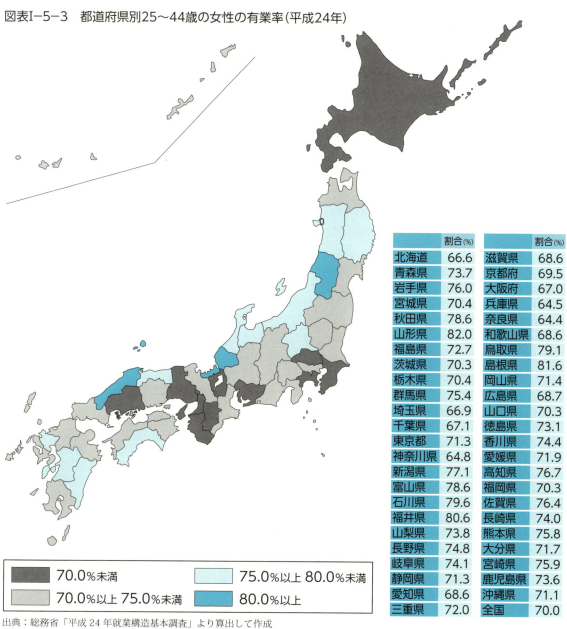

図表Ⅰ－5－3　都道府県別25～44歳の女性の有業率（平成24年）

	割合(%)		割合(%)
北海道	66.6	滋賀県	68.6
青森県	73.7	京都府	69.5
岩手県	76.0	大阪府	67.0
宮城県	70.4	兵庫県	64.5
秋田県	78.6	奈良県	64.4
山形県	82.0	和歌山県	68.6
福島県	72.7	鳥取県	79.1
茨城県	70.3	島根県	81.6
栃木県	70.4	岡山県	71.4
群馬県	75.4	広島県	68.7
埼玉県	66.9	山口県	70.3
千葉県	67.1	徳島県	73.1
東京都	71.3	香川県	74.4
神奈川県	64.8	愛媛県	71.9
新潟県	77.1	高知県	76.7
富山県	78.6	福岡県	70.3
石川県	79.6	佐賀県	76.4
福井県	80.6	長崎県	74.0
山梨県	73.8	熊本県	75.8
長野県	74.8	大分県	71.7
岐阜県	74.1	宮崎県	75.9
静岡県	71.3	鹿児島県	73.6
愛知県	68.6	沖縄県	71.1
三重県	72.0	全国	70.0

凡例：70.0%未満／70.0%以上75.0%未満／75.0%以上80.0%未満／80.0%以上

出典：総務省「平成24年就業構造基本調査」より算出して作成

I-5 図表でみる都道府県のすがた

　図表Ⅰ－5－4は、25～44歳の育児をしている女性の有業率を示したものである。有業率が比較的高い70.0％以上は、島根県、山形県、福井県、鳥取県の4県である。反対に、有業率が50.0％未満と低いのは、神奈川県、埼玉県、千葉県の関東3県と、兵庫県、大阪府、奈良県の関西3府県、および北海道である。図表Ⅰ－5－3の値と比較すると、同じ25～44歳の年齢階級でも、育児をしている女性の有業率は低く、地域差がより大きいことがわかる。

図表Ⅰ-5-4　都道府県別25～44歳の育児をしている女性の有業率(平成24年)

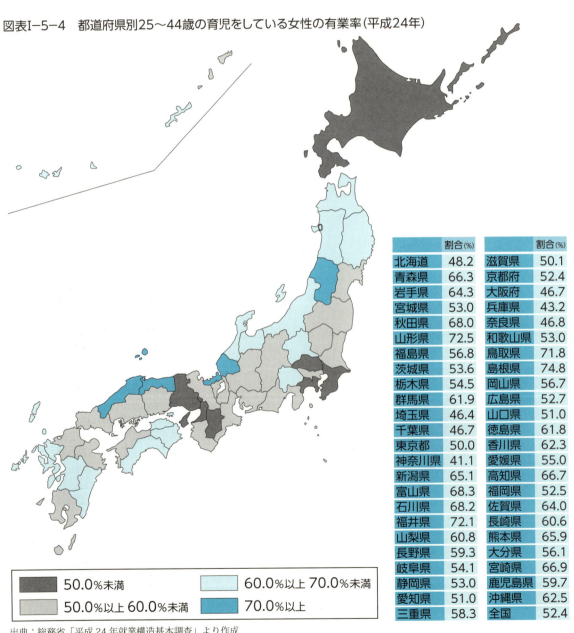

	割合(%)		割合(%)
北海道	48.2	滋賀県	50.1
青森県	66.3	京都府	52.4
岩手県	64.3	大阪府	46.7
宮城県	53.0	兵庫県	43.2
秋田県	68.0	奈良県	46.8
山形県	72.5	和歌山県	53.0
福島県	56.8	鳥取県	71.8
茨城県	53.6	島根県	74.8
栃木県	54.5	岡山県	56.7
群馬県	61.9	広島県	52.7
埼玉県	46.4	山口県	51.0
千葉県	46.7	徳島県	61.8
東京都	50.0	香川県	62.3
神奈川県	41.1	愛媛県	55.0
新潟県	65.1	高知県	66.7
富山県	68.3	福岡県	52.5
石川県	68.2	佐賀県	64.0
福井県	72.1	長崎県	60.6
山梨県	60.8	熊本県	65.9
長野県	59.3	大分県	56.1
岐阜県	54.1	宮崎県	66.9
静岡県	53.0	鹿児島県	59.7
愛知県	51.0	沖縄県	62.5
三重県	58.3	全国	52.4

凡例：
- 50.0％未満
- 50.0％以上60.0％未満
- 60.0％以上70.0％未満
- 70.0％以上

出典：総務省「平成24年就業構造基本調査」より作成

図表Ⅰ－５－５は、雇用者に占める正規の職員・従業員の割合である。地図には女性、表には男女の値を示している。男性の平均は71.4％であるのに対して、女性の平均は41.1％と低い。女性で割合が最も高いのは、富山県（50.3％）である。比率が比較的低いのは、北海道や東京都を除いた南関東、中部圏、近畿地方となっている。

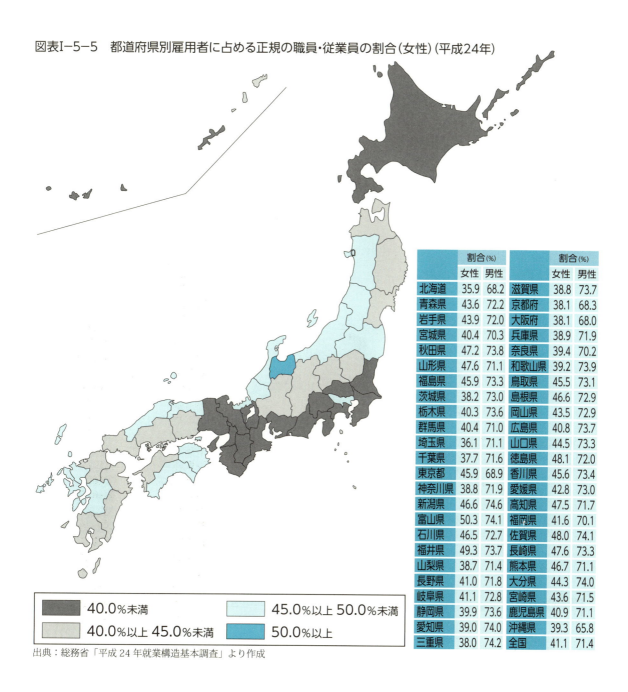

図表Ⅰ-5-5　都道府県別雇用者に占める正規の職員・従業員の割合（女性）（平成24年）

	割合(%) 女性	割合(%) 男性		割合(%) 女性	割合(%) 男性
北海道	35.9	68.2	滋賀県	38.8	73.7
青森県	43.6	72.2	京都府	38.1	68.3
岩手県	43.9	72.0	大阪府	38.1	68.0
宮城県	40.4	70.3	兵庫県	38.9	71.9
秋田県	47.2	73.8	奈良県	39.4	70.2
山形県	47.6	71.1	和歌山県	39.2	73.9
福島県	45.9	73.3	鳥取県	45.5	73.1
茨城県	38.2	73.0	島根県	46.6	72.9
栃木県	40.3	73.6	岡山県	43.5	72.9
群馬県	40.4	71.0	広島県	40.8	73.7
埼玉県	36.1	71.1	山口県	44.5	73.3
千葉県	37.7	71.6	徳島県	48.1	72.0
東京都	45.9	68.9	香川県	45.6	73.4
神奈川県	38.8	71.9	愛媛県	42.8	73.0
新潟県	46.6	74.6	高知県	47.5	71.7
富山県	50.3	74.1	福岡県	41.6	70.1
石川県	46.5	72.7	佐賀県	48.0	74.1
福井県	49.3	73.7	長崎県	47.6	73.3
山梨県	38.7	71.4	熊本県	46.7	71.1
長野県	41.0	71.8	大分県	44.3	74.0
岐阜県	41.1	72.8	宮崎県	43.6	71.5
静岡県	39.9	73.6	鹿児島県	40.9	71.1
愛知県	39.0	74.0	沖縄県	39.3	65.8
三重県	38.0	74.2	全国	41.1	71.4

■ 40.0％未満
■ 40.0％以上 45.0％未満
■ 45.0％以上 50.0％未満
■ 50.0％以上

出典：総務省「平成24年就業構造基本調査」より作成

I-5 図表でみる都道府県のすがた

　図表 I － 5 － 6 は、管理的職業従事者に占める女性の割合を示している。平均は 13.4％となっている。割合が比較的高い 20.0％以上は、高知県と青森県の 2 県である。なお、第 4 次男女共同参画基本計画では、国家公務員や都道府県職員、市町村職員、民間企業の雇用者等の各役職段階に占める女性の割合について、それぞれ成果目標値を定めている（詳しくは、内閣府男女共同参画局ホームページ「成果目標・指標」http://www.gender.go.jp/about_danjo/seika_shihyo/index.html 参照）。

図表 I-5-6　都道府県別管理的職業従事者に占める女性の割合（平成24年）

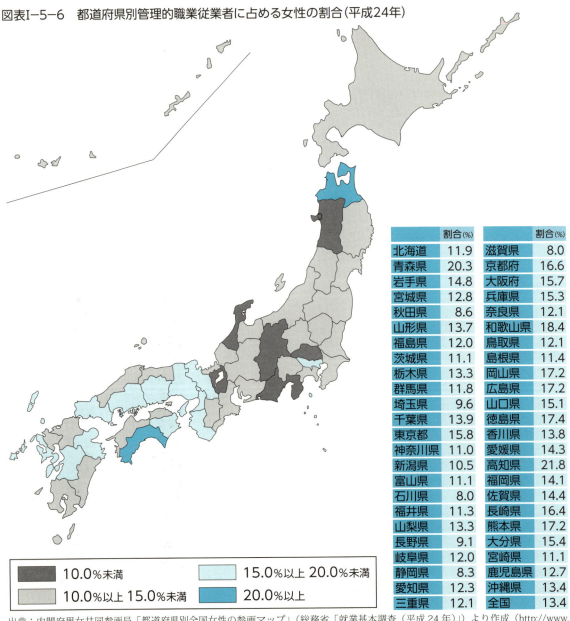

	割合(%)		割合(%)
北海道	11.9	滋賀県	8.0
青森県	20.3	京都府	16.6
岩手県	14.8	大阪府	15.7
宮城県	12.8	兵庫県	15.3
秋田県	8.6	奈良県	12.1
山形県	13.7	和歌山県	18.4
福島県	12.0	鳥取県	12.1
茨城県	11.1	島根県	11.4
栃木県	13.3	岡山県	17.2
群馬県	11.8	広島県	17.2
埼玉県	9.6	山口県	15.1
千葉県	13.9	徳島県	17.4
東京都	15.8	香川県	13.8
神奈川県	11.0	愛媛県	14.3
新潟県	10.5	高知県	21.8
富山県	11.1	福岡県	14.1
石川県	8.0	佐賀県	14.4
福井県	11.3	長崎県	16.4
山梨県	13.3	熊本県	17.2
長野県	9.1	大分県	15.4
岐阜県	12.0	宮崎県	11.1
静岡県	8.3	鹿児島県	12.7
愛知県	12.3	沖縄県	13.4
三重県	12.1	全国	13.4

凡例：
- 10.0％未満
- 10.0％以上 15.0％未満
- 15.0％以上 20.0％未満
- 20.0％以上

出典：内閣府男女共同参画局「都道府県別全国女性の参画マップ」（総務省「就業基本調査（平成24年）」）より作成（http://www.gender.go.jp/policy/mieruka/government.html）
注：「管理的職業従事者」とは、会社役員、会社管理職員、管理的公務員等を示す

子育て環境・教育

図表Ⅰ－5－7は、合計特殊出生率を示している。全国平均は1.42％であり、最も高いのは、沖縄県（1.86％）、最も低いのは東京都（1.15％）である。比較的高い（1.60％以上）のは、山陰（鳥取県、島根県）の2県と、福岡県、大分県以外の九州地方となっている。

図表Ⅰ－5－7　都道府県別の合計特殊出生率（平成26年）

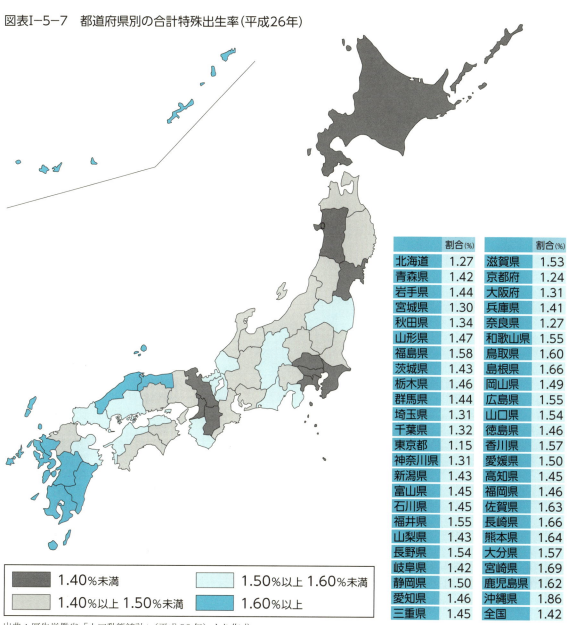

	割合(%)		割合(%)
北海道	1.27	滋賀県	1.53
青森県	1.42	京都府	1.24
岩手県	1.44	大阪府	1.31
宮城県	1.30	兵庫県	1.41
秋田県	1.34	奈良県	1.27
山形県	1.47	和歌山県	1.55
福島県	1.58	鳥取県	1.60
茨城県	1.43	島根県	1.66
栃木県	1.46	岡山県	1.49
群馬県	1.44	広島県	1.55
埼玉県	1.31	山口県	1.54
千葉県	1.32	徳島県	1.46
東京都	1.15	香川県	1.57
神奈川県	1.31	愛媛県	1.50
新潟県	1.43	高知県	1.45
富山県	1.45	福岡県	1.46
石川県	1.45	佐賀県	1.63
福井県	1.55	長崎県	1.66
山梨県	1.43	熊本県	1.64
長野県	1.54	大分県	1.57
岐阜県	1.42	宮崎県	1.69
静岡県	1.50	鹿児島県	1.62
愛知県	1.46	沖縄県	1.86
三重県	1.45	全国	1.42

凡例：
- 1.40％未満
- 1.40％以上 1.50％未満
- 1.50％以上 1.60％未満
- 1.60％以上

出典：厚生労働省「人口動態統計」（平成26年）より作成

I-5 図表でみる都道府県のすがた

　図表Ⅰ−5−8は、平成28年4月1日現在の待機児童数である。待機児童の合計は、約2万3,500人。1,000人以上の待機児童がいるのは、東京都、千葉県、埼玉県の関東3都県、大阪府、兵庫県の関西2府県および沖縄県となっている。反対に、青森県、山形県、新潟県、富山県、石川県、福井県、山梨県、長野県、鳥取県の9県は待機児童がおらず、保育環境は都道府県によってかなり異なっていることがうかがえる。

図表Ⅰ−5−8　都道府県別待機児童数（平成28年4月1日）

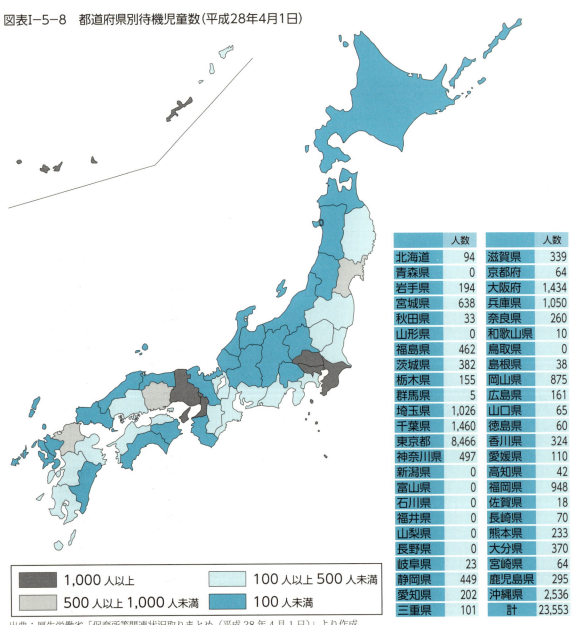

	人数		人数
北海道	94	滋賀県	339
青森県	0	京都府	64
岩手県	194	大阪府	1,434
宮城県	638	兵庫県	1,050
秋田県	33	奈良県	260
山形県	0	和歌山県	10
福島県	462	鳥取県	0
茨城県	382	島根県	38
栃木県	155	岡山県	875
群馬県	5	広島県	161
埼玉県	1,026	山口県	65
千葉県	1,460	徳島県	60
東京都	8,466	香川県	324
神奈川県	497	愛媛県	110
新潟県	0	高知県	42
富山県	0	福岡県	948
石川県	0	佐賀県	18
福井県	0	長崎県	70
山梨県	0	熊本県	233
長野県	0	大分県	370
岐阜県	23	宮崎県	64
静岡県	449	鹿児島県	295
愛知県	202	沖縄県	2,536
三重県	101	計	23,553

■ 1,000人以上
■ 500人以上1,000人未満
■ 100人以上500人未満
■ 100人未満

出典：厚生労働省「保育所等関連状況取りまとめ（平成28年4月1日）」より作成

図表でみる都道府県のすがた　**I-5**

　図表Ｉ－５－９は、男女の大学進学率および進学率の男女差を都道府県別に示している。表の左列は大学学部の進学率、右列は短期大学を含めた進学率である。次頁の図表Ｉ－５－10には女性の大学（学部）進学率を、図表Ｉ－５－11には大学（学部）進学率の男女差を、それぞれ値の高低によって都道府県別に地図に色分けしているのであわせて参照されたい。

　大学（学部）進学率の全国平均は、女性46.6％、男性51.0％と、女性のほうが4.4ポイント低い。一方、短大を含めた進学率の全国平均は、女性56.9％、男性52.1％と女性のほうが4.7ポイント高くなっている。現在の短大は、人文系の学科を持つ短大は減少し、保育士や管理栄養士、看護師等の資格を取得できる学科を有する短大が多く残っており、専門性を持った女性のキャリア形成の支援および地域に必要な人材の育成・供給という大きな役割を果たしていると考えられる。この点からは、短大を高等教育機関の進学率に含めた値で男女差を見ることにも意義がある。

　一方で、4年制大学への進学率や理工系分野の進路・職業選択率に男女差があることを踏まえると、短大を除いた進学率の男女差に着目し、この差を解消していくことが必要となる。第4次男女共同参画基本計画では、「大学学部段階修了者の男女割合」の成果目標を「男女の修了者割合の差を5ポイント縮める（2020年）」と定めている（計画策定時の数値は、男性54.9％、女性45.1％（平成25年））。

図表Ｉ－５－９　都道府県・性別大学進学率および男女差（平成27年度）

(%、ポイント)

	大学（学部）進学率								大学・短大進学率						
都道府県	女性	男性	男女差 (女性−男性)	都道府県	女性	男性	男女差 (女性−男性)	都道府県	女性	男性	男女差 (女性−男性)	都道府県	女性	男性	男女差 (女性−男性)
北海道	31.7	41.5	−9.7	滋賀	44.3	52.8	−8.6	北海道	41.8	42.9	−1.1	滋賀	56.8	54.4	2.4
青森	34.8	37.7	−2.9	京都	57.8	63.3	−5.5	青森	47.9	40.3	7.6	京都	68.1	64.7	3.4
岩手	33.4	37.7	−4.3	大阪	49.5	56.3	−6.8	岩手	45.4	40.0	5.4	大阪	61.4	57.4	4.0
宮城	42.6	46.3	−3.8	兵庫	54.3	56.8	−2.5	宮城	50.2	47.4	2.7	兵庫	63.8	57.8	6.0
秋田	35.7	38.4	−2.6	奈良	51.6	54.8	−3.2	秋田	48.2	40.7	7.4	奈良	64.2	55.8	8.4
山形	36.8	39.7	−2.9	和歌山	37.9	44.1	−6.1	山形	48.8	41.6	7.2	和歌山	50.3	44.9	5.4
福島	36.2	40.0	−3.8	鳥取	31.8	34.4	−2.6	福島	47.3	41.3	6.0	鳥取	46.7	37.1	9.5
茨城	44.1	48.3	−4.1	島根	35.6	41.0	−5.4	茨城	50.7	48.7	2.1	島根	49.9	42.9	7.0
栃木	45.6	49.2	−3.6	岡山	43.8	45.2	−1.5	栃木	54.1	50.0	4.1	岡山	55.1	46.3	8.8
群馬	43.7	49.0	−5.3	広島	52.9	57.2	−4.4	群馬	54.4	49.8	4.6	広島	62.1	58.0	4.0
埼玉	47.9	56.4	−8.5	山口	35.3	38.5	−3.2	埼玉	57.5	57.0	0.4	山口	47.4	39.4	8.0
千葉	47.7	54.6	−6.9	徳島	45.1	43.1	2.0	千葉	55.7	55.3	0.4	徳島	53.4	45.2	8.2
東京	65.4	62.3	3.2	香川	43.0	45.0	−2.0	東京	70.6	62.8	7.8	香川	55.6	46.7	9.0
神奈川	54.2	60.0	−5.8	愛媛	43.2	46.0	−2.8	神奈川	62.8	60.6	2.2	愛媛	56.0	48.2	7.8
新潟	38.3	44.4	−6.1	高知	39.0	37.8	1.2	新潟	47.0	46.4	0.6	高知	54.3	39.8	14.5
富山	41.1	46.2	−5.0	福岡	44.0	49.4	−5.5	富山	55.5	48.6	6.9	福岡	57.3	51.2	6.1
石川	44.3	49.8	−5.5	佐賀	36.1	38.3	−2.2	石川	57.1	51.5	5.5	佐賀	48.0	39.0	9.1
福井	41.9	51.1	−9.2	長崎	34.5	36.1	−1.7	福井	56.9	53.7	3.2	長崎	45.3	37.3	8.1
山梨	46.9	54.6	−7.8	熊本	39.3	40.2	−0.9	山梨	58.1	56.0	2.1	熊本	49.9	41.6	8.4
長野	36.2	41.6	−5.4	大分	32.6	39.3	−6.8	長野	52.8	43.5	9.2	大分	52.3	41.7	10.6
岐阜	44.6	51.7	−7.1	宮崎	34.2	35.9	−1.7	岐阜	58.0	54.1	3.9	宮崎	49.7	37.7	12.0
静岡	45.1	53.0	−7.9	鹿児島	26.7	33.6	−6.9	静岡	54.1	53.7	0.4	鹿児島	48.5	35.8	12.7
愛知	51.2	56.3	−5.0	沖縄	33.8	37.3	−3.4	愛知	60.4	57.2	3.2	沖縄	41.4	38.3	3.1
三重	42.4	48.1	−5.7	全国	46.6	51.0	−4.4	三重	53.8	49.3	4.4	全国	56.9	52.1	4.7

出典：文部科学省「学校基本調査」（平成27年度）より算出して作成
注：1 進学率は、当該年度の高等学校（全日制、定時制）卒業者数に占める進学者を示す
　　2 端数処理（四捨五入）のため、進学率男女差と表示の数値が一致しない場合がある

I-5 図表でみる都道府県のすがた

　図表Ⅰ－5－10は、女性の大学（学部）進学率を、その高低によって色分けしたものである。進学率が比較的高い（50.0％以上）のは、東京都、京都府、兵庫県、神奈川県、広島県、奈良県、愛知県である。反対に、比較的低いのは鹿児島県で、1県のみ20％台となっている（性別の比較は図表Ⅰ－5－9参照）。

図表Ⅰ－5－10　都道府県別女性の大学（学部）進学率（平成27年度）

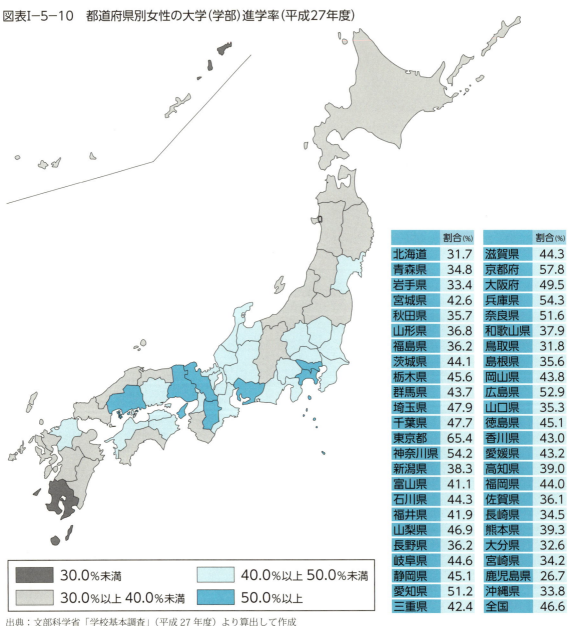

	割合(%)		割合(%)
北海道	31.7	滋賀県	44.3
青森県	34.8	京都府	57.8
岩手県	33.4	大阪府	49.5
宮城県	42.6	兵庫県	54.3
秋田県	35.7	奈良県	51.6
山形県	36.8	和歌山県	37.9
福島県	36.2	鳥取県	31.8
茨城県	44.1	島根県	35.6
栃木県	45.6	岡山県	43.8
群馬県	43.7	広島県	52.9
埼玉県	47.9	山口県	35.3
千葉県	47.7	徳島県	45.1
東京都	65.4	香川県	43.0
神奈川県	54.2	愛媛県	43.2
新潟県	38.3	高知県	39.0
富山県	41.1	福岡県	44.0
石川県	44.3	佐賀県	36.1
福井県	41.9	長崎県	34.5
山梨県	46.9	熊本県	39.3
長野県	36.2	大分県	32.6
岐阜県	44.6	宮崎県	34.2
静岡県	45.1	鹿児島県	26.7
愛知県	51.2	沖縄県	33.8
三重県	42.4	全国	46.6

凡例：
- 30.0％未満
- 30.0％以上40.0％未満
- 40.0％以上50.0％未満
- 50.0％以上

出典：文部科学省「学校基本調査」（平成27年度）より算出して作成
注：進学率は、当該年度の高等学校（全日制、定時制）卒業者数に占める進学者を示す

図表Ⅰ−5−11は、大学（学部）の進学率の男女のポイント差を算出し、その差の大小によって、都道府県数をおおよそ4等分にして色分けしたものである。平均では、女性の進学率が4.4ポイント低い。女性の進学率が男性の進学率を上回っているのは、東京都、徳島県、高知県の3県である。

図表Ⅰ−5−11　都道府県別大学（学部）進学率の男女差（平成27年度）

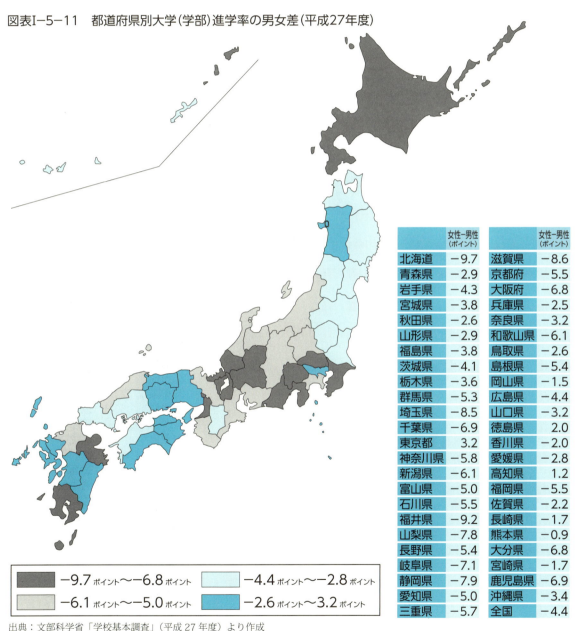

	女性−男性(ポイント)		女性−男性(ポイント)
北海道	−9.7	滋賀県	−8.6
青森県	−2.9	京都府	−5.5
岩手県	−4.3	大阪府	−6.8
宮城県	−3.8	兵庫県	−2.5
秋田県	−2.6	奈良県	−3.2
山形県	−2.9	和歌山県	−6.1
福島県	−3.8	鳥取県	−2.6
茨城県	−4.1	島根県	−5.4
栃木県	−3.6	岡山県	−1.5
群馬県	−5.3	広島県	−4.4
埼玉県	−8.5	山口県	−3.2
千葉県	−6.9	徳島県	2.0
東京都	3.2	香川県	−2.0
神奈川県	−5.8	愛媛県	−2.8
新潟県	−6.1	高知県	1.2
富山県	−5.0	福岡県	−5.5
石川県	−5.5	佐賀県	−2.2
福井県	−9.2	長崎県	−1.7
山梨県	−7.8	熊本県	−0.9
長野県	−5.4	大分県	−6.8
岐阜県	−7.1	宮崎県	−1.7
静岡県	−7.9	鹿児島県	−6.9
愛知県	−5.0	沖縄県	−3.4
三重県	−5.7	全国	−4.4

凡例：
- −9.7ポイント〜−6.8ポイント
- −6.1ポイント〜−5.0ポイント
- −4.4ポイント〜−2.8ポイント
- −2.6ポイント〜3.2ポイント

出典：文部科学省「学校基本調査」（平成27年度）より作成
注：1　地図の色分けは、男女のポイント差の大小によって、都道府県数をおおよそ4等分にした
　　2　進学率は、当該年度の高等学校（全日制、定時制）卒業者数に占める進学者を示す

男女共同参画施策

　図表Ⅰ－5－12は、都道府県ごとの市町村における男女共同参画条例の制定状況を示したものである。石川県と大分県では、すべての市町村において制定している。その他、大阪府、鳥取県、岡山県、福岡県において、75.0％以上の市町村が制定している。反対に、10.0％未満も3県（青森県、群馬県、和歌山県）あり、制定状況にはかなり差があることがわかる。次の図表Ⅰ－5－13に見るように、条例を制定せずに計画を策定している市町村も多いが、これについては第Ⅰ部第4章も参照されたい。

図表Ⅰ－5－12　都道府県別市区町村の男女共同参画条例の制定状況

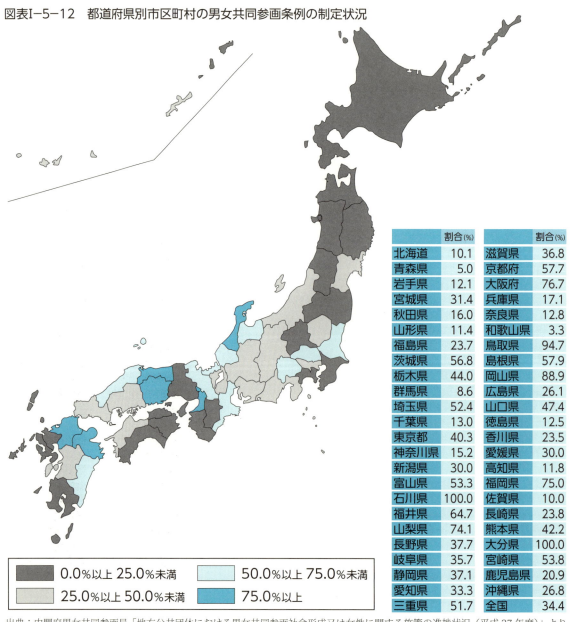

	割合(%)		割合(%)
北海道	10.1	滋賀県	36.8
青森県	5.0	京都府	57.7
岩手県	12.1	大阪府	76.7
宮城県	31.4	兵庫県	17.1
秋田県	16.0	奈良県	12.8
山形県	11.4	和歌山県	3.3
福島県	23.7	鳥取県	94.7
茨城県	56.8	島根県	57.9
栃木県	44.0	岡山県	88.9
群馬県	8.6	広島県	26.1
埼玉県	52.4	山口県	47.4
千葉県	13.0	徳島県	12.5
東京都	40.3	香川県	23.5
神奈川県	15.2	愛媛県	30.0
新潟県	30.0	高知県	11.8
富山県	53.3	福岡県	75.0
石川県	100.0	佐賀県	10.0
福井県	64.7	長崎県	23.8
山梨県	74.1	熊本県	42.2
長野県	37.7	大分県	100.0
岐阜県	35.7	宮崎県	53.8
静岡県	37.1	鹿児島県	20.9
愛知県	33.3	沖縄県	26.8
三重県	51.7	全国	34.4

凡例：
- 0.0％以上 25.0％未満
- 25.0％以上 50.0％未満
- 50.0％以上 75.0％未満
- 75.0％以上

出典：内閣府男女共同参画局「地方公共団体における男女共同参画社会形成又は女性に関する施策の進捗状況（平成27年度）」より作成

図表Ⅰ-5-13 は、都道府県ごとの市町村における男女共同参画計画の策定状況を示したものである。青森県、秋田県、埼玉県、富山県、石川県、鳥取県、広島県、愛媛県、佐賀県、熊本県、大分県の 11 県において、策定率が 100％となっている。

図表Ⅰ-5-13　都道府県別市区町村の男女共同参画計画の策定状況

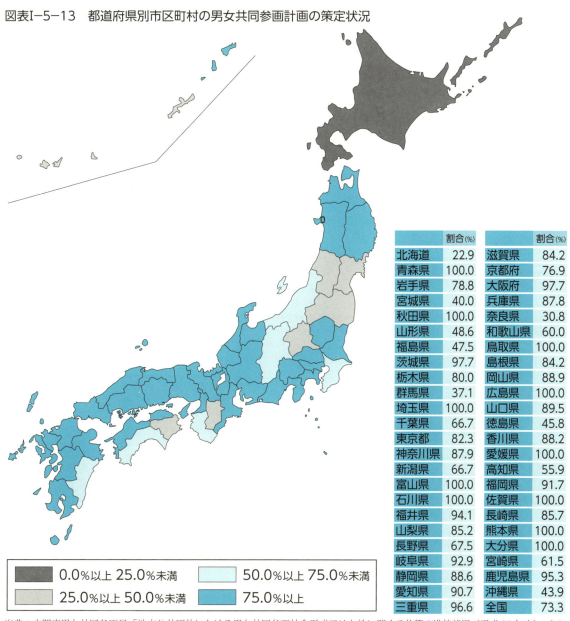

	割合(%)		割合(%)
北海道	22.9	滋賀県	84.2
青森県	100.0	京都府	76.9
岩手県	78.8	大阪府	97.7
宮城県	40.0	兵庫県	87.8
秋田県	100.0	奈良県	30.8
山形県	48.6	和歌山県	60.0
福島県	47.5	鳥取県	100.0
茨城県	97.7	島根県	84.2
栃木県	80.0	岡山県	88.9
群馬県	37.1	広島県	100.0
埼玉県	100.0	山口県	89.5
千葉県	66.7	徳島県	45.8
東京都	82.3	香川県	88.2
神奈川県	87.9	愛媛県	100.0
新潟県	66.7	高知県	55.9
富山県	100.0	福岡県	91.7
石川県	100.0	佐賀県	100.0
福井県	94.1	長崎県	85.7
山梨県	85.2	熊本県	100.0
長野県	67.5	大分県	100.0
岐阜県	92.9	宮崎県	61.5
静岡県	88.6	鹿児島県	95.3
愛知県	90.7	沖縄県	43.9
三重県	96.6	全国	73.3

凡例：
- 0.0％以上 25.0％未満
- 25.0％以上 50.0％未満
- 50.0％以上 75.0％未満
- 75.0％以上

出典：内閣府男女共同参画局「地方公共団体における男女共同参画社会形成又は女性に関する施策の進捗状況（平成 27 年度）」より作成

I-5　図表でみる都道府県のすがた

② 男女共同参画にかかわる意識

　図表Ｉ－５－14およびＩ－５－15は、自分自身および自分の配偶者が職業を持つことについて、それぞれ女性と男性に質問した意識調査の結果である。選択肢のうち、「子供ができてか

図表Ｉ-5-14　都道府県別「自分自身が職業を持つことについて、どのように考えていますか」（女性）

都道府県	子供ができてからもずっと職業を持ちたい	子供ができたら一度職業をやめ、子供が大きくなったら再び職業を持ちたい	就労非継続	その他／わからない
福井県	37.8	32.3	16.8	13.1
岩手県	37.7	28.6	21.0	12.7
島根県	35.7	31.7	18.0	14.5
富山県	35.6	34.4	14.4	15.6
山形県	34.5	37.3	16.8	11.2
高知県	33.6	32.4	15.2	18.8
山梨県	33.2	31.2	23.1	12.6
新潟県	32.7	32.7	19.0	15.7
佐賀県	32.2	34.9	21.0	12.0
東京都	32.1	30.1	20.8	17.1
秋田県	32.0	35.6	19.8	12.6
青森県	31.3	32.8	20.3	15.6
長野県	31.3	39.4	17.2	12.0
沖縄県	31.2	36.8	18.8	13.2
三重県	31.1	37.8	23.2	8.0
香川県	31.1	35.4	19.7	13.8
石川県	30.7	40.2	14.4	14.7
徳島県	30.3	34.6	22.0	13.0
宮崎県	29.3	35.5	22.8	12.4
長崎県	29.2	40.4	18.8	11.5
静岡県	28.7	39.7	18.6	13.0
和歌山県	28.6	34.0	25.9	11.6
鳥取県	28.6	40.1	17.8	13.5
京都府	27.7	42.2	19.1	10.9
福島県	26.6	39.1	21.8	12.5
茨城県	26.6	40.2	18.8	14.3
山口県	26.2	39.1	23.4	11.3
岡山県	26.0	37.0	22.8	14.2
熊本県	25.7	39.3	21.1	14.0
千葉県	25.6	37.0	20.6	16.7
岐阜県	25.3	47.4	15.4	11.9
滋賀県	25.3	43.4	17.6	13.7
広島県	25.3	39.1	19.0	16.6
鹿児島県	25.2	39.9	20.9	14.0
宮城県	25.1	35.9	26.4	12.7
大阪府	25.1	36.1	23.5	15.3
兵庫県	25.0	41.8	20.4	12.9
北海道	24.6	40.4	20.8	14.2
福岡県	24.3	43.2	19.4	13.1
栃木県	24.2	38.9	22.5	14.3
大分県	23.8	40.2	22.7	13.3
愛知県	23.7	40.4	19.1	16.7
愛媛県	23.7	38.5	23.0	14.8
群馬県	22.0	42.7	18.2	17.1
奈良県	21.8	39.5	22.2	16.5
埼玉県	21.2	41.6	22.9	14.3
神奈川県	19.7	35.7	26.3	18.4

■ 子供ができてからもずっと職業を持ちたい　　□ 就労非継続

□ 子供ができたら一度職業をやめ、子供が大きくなったら再び職業を持ちたい　　■ その他／わからない

出典：内閣府男女共同参画局「地域における女性の活躍に関する意識調査」（平成27年6月）より作成
注：1 「子供ができてからもずっと職業を持ちたい」と回答した割合が高い都道府県から順に並べた
　　2 「就労非継続」は、「結婚前から職業を持たず、ずっと家庭にいたい」「結婚するまでは職業を持ち、結婚後はずっと家庭にいたい」
　　　「子供ができるまでは職業を持ち、子供ができたらずっと家庭にいたい」と回答した割合を合計した数

らもずっと職業を持ちたい（持ってほしい）」（就労継続）の回答率を、高い順に都道府県を上から並べた。見開きの左右で、女性（図表Ｉ－５－14）と男性（図表Ｉ－５－15）の都道府県の順序および回答率の違いを比較することができる。

図表Ｉ－5－15　都道府県別「自分の配偶者が職業を持つことについて、どのように考えていますか」（男性）

都道府県	子供ができてからもずっと職業を持ってほしい	子供ができたら一度職業をやめてほしいが、子供が大きくなったら再び職業を持ってほしい	就労非継続	その他/わからない
富山県	39.6	31.2	16.4	12.8
岩手県	39.1	24.2	18.2	18.5
島根県	34.3	29.5	17.6	18.7
新潟県	33.3	33.7	17.1	15.9
鳥取県	33.1	31.5	16.5	19.0
福井県	32.1	32.1	20.8	14.9
山形県	30.7	32.3	17.6	19.5
高知県	29.9	28.7	18.0	23.4
熊本県	29.6	35.8	17.3	17.3
佐賀県	29.3	30.6	17.0	23.1
沖縄県	28.8	28.0	20.8	22.4
福島県	28.6	31.3	21.4	18.7
秋田県	27.9	25.9	21.4	24.7
石川県	26.9	34.5	19.6	18.9
東京都	26.8	31.1	18.9	23.2
宮崎県	26.6	28.6	20.7	24.1
岡山県	26.4	31.7	21.5	20.3
香川県	26.4	33.3	25.5	14.6
長野県	26.3	36.3	17.6	19.9
徳島県	26.0	28.9	23.2	22.0
山梨県	25.7	32.8	18.6	22.9
岐阜県	25.5	33.6	21.4	19.4
大分県	25.0	37.7	20.9	16.4
京都府	24.6	29.9	27.5	18.0
滋賀県	24.3	36.3	21.2	18.3
青森県	23.0	29.5	20.9	26.6
群馬県	22.8	39.0	19.7	18.5
鹿児島県	22.7	34.7	21.6	21.1
広島県	21.9	36.4	23.1	18.6
愛媛県	21.4	34.2	25.2	19.3
三重県	21.3	33.7	26.1	18.9
栃木県	20.7	34.4	22.2	22.7
和歌山県	20.7	28.6	24.9	25.7
福岡県	20.7	39.0	22.4	17.8
埼玉県	20.4	35.7	25.5	18.4
兵庫県	20.1	32.8	24.6	22.5
北海道	19.6	31.7	23.0	25.8
大阪府	19.2	31.8	29.4	19.6
宮城県	18.5	36.1	22.9	22.5
茨城県	18.4	38.7	23.0	19.9
神奈川県	18.4	31.6	26.5	23.4
長崎県	17.9	35.8	25.8	20.4
千葉県	17.7	39.4	22.0	20.9
奈良県	16.7	38.1	26.4	18.8
静岡県	16.6	38.7	22.6	22.1
愛知県	16.1	38.0	26.4	19.6
山口県	15.6	32.4	30.7	21.3

凡例：
- 子供ができてからもずっと職業を持ってほしい
- 子供ができたら一度職業をやめてほしいが、子供が大きくなったら再び職業を持ってほしい
- 就労非継続
- その他／わからない

出典：内閣府男女共同参画局「地域における女性の活躍に関する意識調査」（平成27年6月）より作成
注：1　「子供ができてからもずっと職業を持ってほしい」と回答した割合が高い都道府県から順に並べた
　　2　「就労非継続」は、「結婚前から職業を持たず、ずっと家庭にいてほしい」「結婚するまでは職業を持ち、結婚後はずっと家庭にいてほしい」「子供ができるまでは職業を持ち、子供ができたらずっと家庭にいてほしい」と回答した割合を合計した数

I-5 図表でみる都道府県のすがた

　図表Ⅰ－5－16は、「自分の家庭の理想は、『夫は外で働き、妻は家庭を守る』ことだ」という考え方について、どのように思うかを質問した意識調査の結果である。選択肢のうち、「そう思わない」「あまりそう思わない」、つまり固定的な性別役割分担に反対する回答率を合わせ、高い順に都道府県を上から並べた。左は女性の回答率、右は男性の回答率を示している。左右で、性別による都道府県の順序および回答率の違いを比較することができる。

図表Ⅰ－5－16　都道府県別「自分の家庭の理想は、『夫は外で働き、妻は家庭を守る』ことだ」という考え方に対する意識（女性・男性）

（女性）	そう思わない	あまりそう思わない
高知県	26.2	39.5
富山県	22.4	41.6
山形県	20.5	42.2
福井県	22.3	40.2
沖縄県	25.6	36.8
静岡県	18.6	43.7
島根県	22.1	39.4
岩手県	22.2	38.9
長野県	23.7	36.9
和歌山県	18.1	41.3
宮崎県	19.3	39.8
秋田県	22.1	36.8
福島県	18.1	40.3
鹿児島県	18.2	39.9
岡山県	21.7	36.2
青森県	18.0	39.1
北海道	15.8	41.2
熊本県	19.1	37.4
大阪府	18.4	37.6
徳島県	17.7	38.2
長崎県	20.4	35.4
愛媛県	14.8	40.9
群馬県	15.9	39.8
埼玉県	18.0	37.6
鳥取県	16.3	39.3
石川県	15.1	40.2
京都府	19.5	35.2
岐阜県	14.6	39.9
東京都	21.5	32.9
香川県	14.6	39.8
三重県	16.7	37.5
新潟県	21.0	33.1
千葉県	13.8	40.2
愛知県	18.4	35.5
福岡県	15.8	37.8
滋賀県	19.3	34.1
大分県	16.0	36.7
山梨県	18.6	34.0
栃木県	16.8	35.7
佐賀県	19.0	33.3
山口県	17.2	34.8
神奈川県	16.4	34.8
兵庫県	12.9	38.3
茨城県	17.2	32.8
奈良県	16.9	32.6
広島県	16.6	32.4
宮城県	15.1	33.1

（男性）	そう思わない	あまりそう思わない
岩手県	21.4	42.7
富山県	16.0	45.6
長野県	21.5	39.8
秋田県	14.2	47.0
沖縄県	19.6	41.6
島根県	20.7	39.8
新潟県	13.5	46.0
高知県	16.8	42.6
福井県	19.7	39.0
山形県	19.9	38.6
青森県	19.7	38.5
鹿児島県	13.6	44.6
群馬県	18.5	39.4
東京都	16.5	41.3
熊本県	18.5	39.1
石川県	12.9	44.6
佐賀県	17.8	39.3
宮崎県	20.3	36.5
北海道	19.2	37.5
岐阜県	20.2	36.4
滋賀県	19.5	36.7
鳥取県	18.1	37.9
大分県	16.0	39.8
埼玉県	13.7	42.0
山梨県	16.2	39.5
徳島県	19.1	36.6
広島県	14.6	40.5
福島県	10.3	44.8
香川県	19.1	35.8
岡山県	17.1	37.4
静岡県	15.0	39.1
神奈川県	18.0	35.9
京都府	14.3	38.9
茨城県	19.5	33.6
大阪府	14.3	38.8
千葉県	16.1	36.6
栃木県	16.8	35.2
宮城県	15.3	36.5
愛媛県	16.9	34.2
兵庫県	13.9	36.9
長崎県	12.5	38.3
愛知県	14.5	36.1
和歌山県	13.3	37.3
三重県	14.5	35.7
奈良県	15.9	33.9
山口県	18.4	31.1
福岡県	19.9	28.2

■ そう思わない　　□ あまりそう思わない

出典：内閣府男女共同参画局「地域における女性の活躍に関する意識調査」（平成27年6月）より作成
注：1　「そう思う」「ややそう思う」「あまりそう思わない」「そう思わない」の選択肢のうち、「あまりそう思わない」および「そう思わない」（固定的な性別役割分担に賛同しない）と回答した割合を合わせ、割合が高い都道府県から順に並べた。「そう思う」「ややそう思う」の回答率の記載は省略している
　　2　左は女性の回答率、右は男性の回答率を示し、それぞれに割合が高い順に都道府県を並べた

第Ⅱ部

実 践

地域連携による女性活躍推進の取組

Ⅱ-1 官民のネットワークを活かし、働く場の変革を広げる

| 第Ⅱ部 第1章 | # 官民のネットワークを活かし、働く場の変革を広げる |

飯島　絵理

　女性の活躍推進にかかわる施策を進める多くの地域では、取組にあたり、まず経済団体や企業等との連携体制を築くところから始めている。女性活躍推進法においても、国および地方公共団体の機関は、当該区域において取組が効果的かつ円滑に実施されるように、関係機関により構成される協議会を組織することができるとされている。これまで男女共同参画推進にかかわる施策は、多くの場合、このような組織とは直接的なつながりを持たずに進められてきた。しかし、第4次男女共同参画基本計画においても強調されている「男性中心型労働慣行」[1]を変革するためには、経済団体や企業に直接的に働きかけを行っていくことが不可欠となっている。

　本章では、地方公共団体や男女共同参画センター等と経済団体、企業等が連携し、職場の改革を広げる新たな取組について、取組を加速させるための推進体制の構築について、また築いた推進体制を活用した経営者のネットワーク形成や女性リーダー育成等の取組について見ていくこととする。

推進体制の構成団体

　経済団体や企業等との新たな協力体制を築いて女性の活躍を促進する業務の所管は、取組の内容や経緯によって地方公共団体ごとに様々である。例えば、男女共同参画担当部局が実施しているところや、男女共同参画担当部局が女性活躍推進課（室）として改組したところ、男女共同参画担当部局とは別に子育て支援部局や労働部局等に女性活躍推進課（室）が立ち上がったところ等がある。いずれにしても、女性活躍推進の取組は、男女共同参画、子育て支援、ワーク・ライフ・バランス、地域活性化、起業、農林水産業、再就職等、多岐の分野にわたるため、庁内では関連部局が実施する施策の情報を共有し、効率よく最大限の効果をもたらすための調整、連携が重要となる。また、外部の関連機関との連携は、有機的なネットワークが築けるように、各機関を所管する部局とも協力しながら進めていく必要があるだろう。

　推進体制の規模や団体数は、地域の実情により様々であるが、構成団体は、一般に、次のような組織からなっている（地域により団体名は多少異なるが、一般的なものを示す）。

1　第4次男女共同参画基本計画では、「男性中心型労働慣行」を「勤続年数を重視しがちな年功的な処遇の下、長時間勤務や転勤が当然とされている男性中心の働き方等を前提とする労働慣行」としている。

推進体制の一般的な構成団体・組織

①地域経済団体：商工会議所連合会／商工会議所、商工会連合会、経営者協会、経済同友会、
中小企業団体中央会／中小企業団体、中小企業家同友会、個別の企業
②金融団体：銀行／銀行協会、信用金庫協会、日本政策金融公庫支店、金融系研究所
③労働団体：労働局、労働組合総連合会、労働者福祉協議会
④産業関連団体：農業協同組合中央会、漁業協同組合連合会、森林組合連合会、産業支援機構、
産業振興機構
⑤大学：地域の大学、大学コンソーシアム
⑥男女共同参画センター（都道府県・市町）
⑦ＮＰＯ法人：男女共同参画、子育て支援、まちづくり
⑧その他の法人：中小企業診断士会
⑨地方公共団体：当該地方公共団体、市長会、町村会

ネットワークの団体数は、当該地方公共団体の他は１団体の場合もあれば、20団体以上で構成されている場合もある。都道府県では広域の大きな組織のネットワークを形成しているが、市レベルにおいても、より小さい区域の団体や個別の組織とつながり、事業を実施することができる。何を目的とし、実質的に何をどのように行うかによって、最も効率的かつ効果的であると考えられる体制を築くとよいだろう。たとえ１団体であっても、各団体は企業等の複数の組織から構成されている場合が多く、その１団体と着実につながることで、地域全体につながりを広げることができる。また、男女共同参画推進のための審議会や協議会等、すでにある組織をそのまま活かしたり、一部見直して発展的に改組し、女性活躍推進法に基づく協議会として位置づける方法も考えられる。

推進体制を活かした事業の展開

推進体制には、「○○女性の活躍促進連携会議」「女性の活躍推進○○応援会議」「○○女性活躍推進プロジェクト実行委員会」（○○は都道府県・市名）等の名前がつけられ、首長の他、連携する団体の会長を発起人等として、ネットワーク発足を表明する場合も多い。地方公共団体や経済団体のトップが発起人であり、都道府県や経済界全体が取組の主体であることを示すことによって、地域全体で取組を進めるための気運を高めることもできる。例えば、地域の経営者協会や商工会議所連合会のトップが主体となると、その傘下にある各企業や経営者、商工会議所へセミナーやイベント等の開催の周知が行き渡りやすいことや、女性活躍推進にかかわる宣言や認証制度への企業登録等に対する賛同を得やすいこと等の効果がある。一方で、団体のトップダウンのみでは、当然ながら個々の経営者や企業まで十分な協力が得られるわけではなく、本章で示す複数の事例にも見るように、個々の企業等への地道なアプローチも、充実した取組の鍵となる。ネットワークを通した女性活躍推進をテーマとする新たなつながりは、１つには、男女共同参画

センターと経済団体といった異なる分野同士、もう1つには、異なる企業で働く女性管理職といった同じ分野同士の情報共有を容易にし、地域全体での取組を促す。お互いの取組や先進の取組事例を知ったり、日常では見つけにくいロールモデルを地域のなかで見つけたりすることで、女性の活躍推進や個人の意識の醸成を図ることができる。

このような推進体制を通して、各地域で行っている取組には、以下のようなものがある。

- 女性活躍推進法に基づく事業主行動計画の策定促進
- セミナーやシンポジウム等の開催（対象は、経営者・管理職、女性管理職（候補）、女性従業員等）
- 現状把握のための企業を対象としたアンケート調査、ヒアリング調査
- 取組にかかわる宣言制度、認証制度のしくみづくり
- 情報共有・情報交換のための交流会
- 起業支援
- ロールモデル集の作成
- ホームページの作成・整備

事業主行動計画の策定促進

女性活躍推進法では、国や地方公共団体、民間事業主に対して、事業主行動計画の策定を義務づけている。ただし、労働者が300人以下の民間事業主については努力義務となっている。したがって、地方公共団体では、この推進体制を活かして、策定が義務づけられていない中小企業に絞って事業主行動計画の策定推進を行っている場合が多い。その方法としては、経済団体を通して策定を呼びかけたり、都道府県が市町や経済団体と協働してセミナー等を開催したりすることができる。策定事業主の数を増やしていくには、社会保険労務士等をアドバイザーとして養成し、企業に対して個別のサポートを行う等、中小企業へのきめ細かなサポートが必要とされる。

経営者や管理職の男性を対象とした取組

企業等の労働分野において女性の活躍推進を阻む要因となっている「男性中心型労働慣行」の変革を促すには、経営者や管理職の意識醸成が不可欠である。高度経済成長期から根づいてきたこの慣行を見直していくのは容易ではない一方、近年では、硬直したこの慣行が国際的な競争力の低下にもつながっており、多様性を重視する企業風土を整備していくことが、企業のさらなる成長にもつながるという認識も広がってきている[2]。このような認識のもと、各地域では、経済団体が主体的に経営者や管理職に対する取組を行ったり（本章**2**参照）、地方公共団体が連携体制を活用して取組を広げたりしている。男女がともに働きやすい職場づくりの実現という趣旨に

2　平成26年3月に首相官邸で開催された「輝く女性応援会議」では、この会議を契機に、女性の活躍推進に積極的に取り組んでいる企業の男性リーダーによる「輝く女性の活躍を加速する男性リーダーの会」が発足し、同年6月に「行動宣言」を取りまとめている。同年11月には、全国地方銀行協会加盟の64行すべての頭取が参加し、「輝く女性の活躍を加速する地銀頭取の会」も発足、あわせて地方銀行版「行動宣言」を発表した。（内閣府男女共同参画局ホームページhttp://www.gender.go.jp/policy/sokushin/male_leaders.html）

賛同した企業が加入する「同盟」という形のネットワーク形成を基礎として、企業の経営者や管理職の意識啓発を進めている地域もある（本章**1**参照）。

女性リーダーの育成とネットワーク形成

　経済分野の女性の活躍に向けては、女性の管理職登用を進めることが大きな課題である。しかし、現状では、一般に女性は男性より職務経験が十分でなく、能力開発の機会も少ない。こうした状況が女性の仕事への意欲の低下につながっているともいわれており、管理職登用を進めるには、まず「女性が仕事への意欲を高めて自身のキャリア形成に向き合い、管理職を目指すという意識になるような育成を行うことが何よりも重要」である（武石 2014: 23）。管理職あるいは管理職を目指す女性を対象とした人材育成のプログラムを提供する本章**3**の事例では、女性が個人としてプライベートの時間に受講する形式だけではなく、勤務時間に、仕事の一環での能力開発の機会としてプログラムに参加することを可能にしている。また、対象となるような女性が1つの企業には少ないとしても、様々な企業から女性が集まることによって、地域における職場を越えた女性リーダー（候補）のネットワークを形成している。

　以下では、行政や経済団体、男女共同参画センター等がネットワークを築き、このような取組を行っている3つの事例を取り上げる。1つ目は、企業等の経営者による「同盟」の結成や、県域のネットワークの構築を活用して取組を進める広島県健康福祉局働く女性応援課の取組である。2つ目は、経済団体が主導して、県域の多様な関連機関を巻き込んだ連携体制をつくり、女性リーダー育成や企業の意識啓発等、事業展開を広げている一般社団法人愛媛県法人会連合会の事例である。3つ目は、経済団体や企業とのつながりを積み上げ、企業で働く女性リーダーの養成を行っている札幌市男女共同参画センターの事例を取り上げる。

　そしてコラムでは、株式会社千葉銀行の取組を挙げ、行内や地域、銀行業界、企業等においてネットワークを形成し、企業や経営者の意識の変革を促している事例について取り上げる。

■ 企業等の経営者による「同盟」結成や県域の ネットワークを活用した取組の普及

広島県健康福祉局働く女性応援課の取組

取組の概要

　広島県では、平成25年度に3つの関連部局の担当者からなる「働く女性応援プロジェクト・チーム」を結成し、平成27年4月にはこれを発展させ健康福祉局に「働く女性応援課」を設置

して、女性の就業継続および再就職の支援に注力した取組を多角的に行っている。「イクボス同盟ひろしま」と「働き方改革推進・働く女性応援会議ひろしま」の構成団体のネットワークを活用し、取組を進化させている。

　また、企業において女性が活躍できる環境の整備を促進するため、「女性の活躍推進先進事例ノウハウ導入ブック」を作成した。これを活用して各企業に助言を行うアドバイザーを養成し、企業に女性活躍推進部署の設置を促す取組も行っている。その他、次世代育成支援対策推進法による一般事業主行動計画の策定を支援するため、市町や経済団体等と連携して講習会を実施し、県内の各企業に足を運んで助言する等、連携方法を様々に工夫して女性活躍推進の取組を県域に広げている。

女性の就業継続・再就職を支援する「働く女性応援課」の設置

　広島県では、平成22年に策定した「ひろしま未来チャレンジビジョン」を、社会経済情勢の変化を踏まえ、平成27年10月に改定した。改定にあたり、4つの政策分野（人づくり、新たな経済成長、安心な暮らしづくり、豊かな地域づくり）の施策領域のうち、「人づくり」の分野に「女性の活躍」と「働き方改革」の領域を新設した。働く意欲を持つ女性への支援は、県の喫緊の課題となっている。平成27年4月には、健康福祉局に「働く女性応援課」を設置し、女性の就業継続と再就職支援に注力した取組を行っている。平成28年度からは、商工労働局雇用労働政策課に「働き方改革推進担当」を新たに設置し、仕事と生活を両立できる働きやすい職場づくりに取り組んでいる。

　働く女性応援課の設置に先立ち、出産・育児期を経ても仕事を継続できる環境をつくり「M字型カーブ」を解消することを目指して、平成25年度に、健康福祉局の保育関連担当と商工労働局の両立支援担当、環境県民局の男女共同参画担当の一部をあわせて「働く女性応援プロジェクト・チーム」がつくられた。このチームでは、まず、県内の企業160社を訪問してインタビューするとともに、144社および女性従業員1,637人に対してアンケート調査を実施し、現状と課題の把握を行った。これを踏まえ、平成26年度に、女性活躍推進のための取組のポイントや事例をまとめた『女性の活躍推進先進事例ノウハウ導入ブック』[3]を作成した（平成28年3月改訂）。また、

「働き方改革推進・働く女性応援会議ひろしま」発足セレモニーの様子

3　広島県健康福祉局働く女性応援プロジェクト・チーム『女性の活躍推進先進事例ノウハウ導入ブック』平成27年3月。
　（広島県ホームページhttp://www.pref.hiroshima.lg.jp/soshiki/244/tool.html）

平成 26 年 3 月に「イクメン企業同盟ひろしま」、同年 4 月に「働く女性応援隊ひろしま」の 2 つの組織を結成し、ネットワークを活用した県域の取組の基盤をつくった。

女性が活躍するための企業における環境整備の促進

『女性の活躍推進先進事例ノウハウ導入ブック』を用いて、平成 27 年度には、社会保険労務士、中小企業診断士等を対象に、企業のサポートや相談役として活躍できる人材を育成するため、「広島県女性活躍推進アドバイザー」を養成する講座を開催し、修了者 19 名をアドバイザーとして認定した。このアドバイザーが、県内企業に対して女性活躍推進部署の設置を促す活動を行い、平成 27 年度には 203 社が当該部署の設置に至っている。アドバイザーの情報交換・交流の場として、年 1 回以上の交流会（勉強会）を実施している。最近では、アドバイザーの養成を行う地方公共団体は多くなっているが、オリジナルのテキストを作成・活用している点や、交流機会の提供等でアドバイザーのモチベーションを維持するしくみは特徴的である。

職場における環境整備のしくみとして、メンター養成も行っている[4]。平成 27・28 年度には、県が（公財）広島県男女共同参画財団（広島県女性総合センター（エソール広島）を管理運営）に委託し、仕事と家庭を両立しながら女性が働き続けるためのポイントを学ぶ「働く女性応援研修会」とともに、「仕事と子育ての両立やキャリアアップに不安を持つ後輩の女性従業員に対して助言・指導を行うことを希望する女性」を対象に、「メンター養成セミナー」を、平成 27 年度は年 2 回、28 年度は 3 回（1 回 2 日間）開催した。このセミナーの内容は次のとおりである。

メンター養成セミナー（公益財団法人広島県男女共同参画財団（広島県委託事業））

1 日目（10:00-16:00）
はじめに　〜後輩は支えて育てる、組織風土は動いて変える〜
1. "女性活躍推進"を企業の視点から知る
2. メンターの役割と効果〜ロールモデルとメンター〜
3. メンターとしてのコミュニケーションスタイルを把握する
4. メンタリングの実践に向けて
　〜知識編〜
　・メンティの成長を促すには・・・事例研究
2 日目（10:00-16:00）
5. メンタリングの実践に向けて
　〜実践編〜
　・効果的なメンタリングの展開を学ぶ
　・ケースを通して学ぶメンタリング
事例でロールプレイング＆ディスカッション
おわりに　〜メンターの経験を自己成長に〜

4　職場のメンター制度については、厚生労働省（2013）が参考になる。

「同盟」を結成して男性の積極的な育児参画を応援する機運を醸成

　平成26年3月に、男性の育児参画を応援し、働き方の見直しに取り組む企業経営者等で「イクメン企業同盟ひろしま」を結成した。企業経営者の他、広島県知事も一員である。結成時のメンバーは20名であったが、現在は119名（平成29年1月31日現在）に達している。平成26年度には「ひろしまイクメンサミット2014」の開催やプロモーションビデオの公開、メンバーによる同盟名刺の配布等により、他の経営者の意識改革を行った。また、メンバー企業内で、仕事と生活を両立しながら誰もが働きやすい職場づくりに向けた取組を促進した。

　平成27年12月には、「イクメン企業同盟ひろしま」を「イクボス同盟ひろしま」に発展改組した[5]。また、経営者や管理職を対象に、従業員の仕事と生活の充実を応援できる「イクボス」を実践するためのマネジメント術やコミュニケーションの方法等を講義やグループワークで学ぶ「イクボス養成講座」を、平成27・28年度に、それぞれ広島市2回・

「イクボス同盟ひろしま」例会の様子

「イクボス同盟ひろしま」の宣言文

　少子化が進み、社会を支える生産年齢人口が減少していく中、広島県の合計特殊出生率は上昇傾向にあり、子育てしやすい広島県の実現に向け、着実に歩みを進めています。

　これは、子育て家庭にやさしいサービスの提供など、企業が率先して子育てをサポートする取組を進めてきた成果の現れです。

　こうした取組の成果に加え、男性が積極的に育児に参加し、子育てと仕事を男女がともに担う環境を整えることにより、企業も社会も活性化し、さらなる広島県の成長につながると確信します。

　我々経営者は、会社の働き方の見直しに取り組み、男性の育児参加を応援します。

　そして、その取組を、社会に広げ、男女がともに子育てと仕事を両立し、日常の暮らしや育児の楽しさを共有できる社会の実現をめざします。

　今こそ、行動しよう！　企業を変えよう！　社会を変えよう！

　ここに、我々は「イクメン企業同盟ひろしま」から「イクボス同盟ひろしま」への進化発展を宣言します。

2015年12月2日

5　「イクボス」とは、「部下のワーク・ライフ・バランスを考え、その人のキャリアと人生を応援しながら、組織の業績も結果を出し、自らも仕事と私生活を楽しむ上司」のこと。（NPO法人ファザーリング・ジャパンホームページより抜粋 http://fathering.jp）

福山市1回（各回平日13:30-16:30）実施した。知事や海上自衛隊呉地方総監、県警本部長、商工会議所連合会（13会議所）会頭、広島県保育連盟連合会（445施設）も「イクボス宣言」を実施する等、県全体でイクボスの輪は拡大している。

経済・労働団体や市町等と連携した企業へのアプローチ

平成26年度4月に結成した「働く女性応援隊ひろしま」のネットワークは、平成28年度には、教育委員会等を含め、「働き方改革推進・働く女性応援会議ひろしま」に発展改組し、県内の働き方改革および女性の活躍促進を一体的かつ効果的に推進することを目指している。以下のような構成団体からなっている。

「働き方改革推進・働く女性応援会議ひろしま」構成団体

経済団体	**金融機関**
広島県商工会議所連合会（代表）	広島県銀行協会
広島経済同友会	**教育機関**
広島県経営者協会	インターンシップ促進協議会
中国経済連合会	
広島県商工会連合会	**行政**
広島県中小企業団体中央会	広島労働局
広島県中小企業家同友会	中国経済産業局
広島青年会議所	広島県
	広島県教育委員会
労働団体	県内全23市町
連合広島	

このネットワークを活用し、平成27年度には、次世代育成支援対策推進法による計画策定を支援するため、「一般事業主行動計画策定市町講習会」を行った。各市町や経済団体と連携し、各市町の従業員規模31～100人程度の一般事業主行動計画が未策定である企業を集めて講習会を実施し、参加企業へのフォローアップも行い、計画策定の促進を図った。各講習会には、働く女性応援課に所属する2名の両立支援推進員（非常勤）が出向き、電話や訪問でのフォローアップまできめ細かく対応している。この他にも、ネットワークの構成員が、それぞれの地域において、女性の活躍推進やワーク・ライフ・バランス等をテーマに「働く女性応援リレーセミナー」を開催する等、推進体制を活かして各地域へ取組が普及するよう工夫している。

❷ 経済団体が主導して地域の多様な機関を巻き込み、連携体制を構築して事業を展開
一般社団法人愛媛県法人会連合会の取組

取組の概要

　愛媛県では、平成26年度に、一般社団法人愛媛県法人会連合会（以下「連合会」という）が主体となって、内閣府「地域女性活躍加速化交付金事業」を実施した。「えひめ女性活躍推進協議会」（以下「協議会」という）を設置し、地域の多様な機関を巻き込んで事業を展開している。協議会のワーキンググループには、オブザーバーとして、県および松山市の複数の関連部局が出席し、情報共有をしている。

　松山市の男女共同参画推進センターの委託事業として実施した経営者・管理職や女性従業員を対象とした勉強会をモデルに、県域で事業を展開する他、県内の全8大学・短大を含めて組織したネットワークを形成して子育て応援企業として認証した企業を招いた就活イベントを行う等、連合会が受託する様々な関連事業を発展させながら取組を進めている。

経済団体の研究会を発展させて県内の連携体制を構築

　愛媛県では、平成26年度に内閣府「地域女性活躍加速化交付金事業」として「えひめ女性活躍促進事業」（実施主体：連合会、連携団体：愛媛県、（公財）えひめ産業振興財団、（公財）えひめ女性財団）を実施した。協議会を設置して事業を展開し、平成27年度からは県の委託事業として継続している。この取組に大きな役割を果たしているのは、経済団体である連合会である。

　連合会は、少子化が進行して将来の納税の担い手が十分にいなくなり、「税の負担と給付のサイクル」が途絶えると、人々の生活を維持できなくなることに、早くから危機感を持ち、現在、「えひめ女性活躍促進事業」の他、「えひめのイクメン推進事業」「働く家族の介護力強化事業」「えひめ子育て応援企業認証サポート事業」等、多く関連事業を行政から受託して事業を行っている[6]。また、平成19年には、県内大手企業の担当者等から構成される「愛媛ファミリー・フレンドリー企業研究会」を設置し、平成25年度には厚生労働省「ポジティブ・アクション展開事業」[7]を受託して、メンター育成とネットワークづくりを行ってきた。

　これらの経緯や培ってきたネットワークをもとに、協議会では、経済団体の他、愛媛県および松山市の男女共同参画センター（公益財団法人えひめ女性財団、公益財団法人松山市男女共同参画推進財団）や愛媛大学ダイバーシティ推進本部女性未来育成センター等を含む16団体による

6　「子育て世代に知ってほしい！！『社会の会費』税すごろく」愛媛新聞 平成28年11月10日参照。
7　「ポジティブ・アクション展開事業」については、厚生労働省 2015「地域で取り組む女性の活躍推進―― 働く女性のメンター育成と地域ネットワークづくり事例集」参照。（http://www.mhlw.go.jp/bunya/koyoukintou/seisaku04/04.html）

協力体制を整えた（平成27年度の22構成団体は下枠参照）。協議会の会長は、女性の活躍推進に積極的な考えを持っている伊予銀行の相談役（連合会会長）とした。連合会は事務局として位置づけている。

　なお、県では、庁内の男女共同参画の推進体制である「愛媛県男女共同参画推進本部」の下に女性活躍推進部会を設置し、第2次愛媛県男女共同参画計画の改訂にあわせ、平成28年3月に女性活躍推進法に基づく計画を一体的に策定した。協議会は、女性活躍推進法制定前に民間主導で設置されたものであり、法に基づく自治体の機関が組織する協議会ではないが、県計画の推進体制の1つとして、県と連携して女性活躍の取組推進の一翼を担っている。

平成27年度えひめ女性活躍推進協議会　構成団体

```
一般社団法人愛媛県法人会連合会
愛媛県商工会議所連合会
愛媛県商工会連合会
愛媛県中小企業団体中央会
愛媛県経営者協会
愛媛経済同友会
愛媛県農業協同組合中央会
日本労働組合総連合会愛媛県連合会
公益財団法人えひめ産業振興財団
愛媛県社会保険労務士会
四国税理士会愛媛県支部連合会
社会福祉法人愛媛県社会福祉協議会
一般社団法人愛媛県医師会
一般社団法人愛媛県建設業協会女性部会
愛媛県漁業協同組合連合会
愛媛県森林組合連合会
一般社団法人愛媛県中小企業診断士協会
公益財団法人えひめ女性財団
公益財団法人松山市男女共同参画推進財団
愛媛大学ダイバーシティ推進本部女性未来育成センター
まどんなサポートマネージャークラブ代表
まどんなメンターネット代表
その他、オブザーバーとして行政機関、地域金融機関が参加
```

　協議会では、協議会構成団体会議の他に、構成団体から推薦されたメンバーやオブザーバーが出席する「ワーキンググループ会議」を開催している。オブザーバーとしての出席者は、愛媛労

働局や、愛媛県の関連部局（男女参画・県民協働課、労政雇用課、子育て支援課、経営支援課）、松山市の関連部局（市民参画まちづくり課（男女共同参画の所管）、地域経済課、子育て支援課、保健福祉政策課、保育・幼稚園課）、金融機関（伊予銀行、愛媛銀行、愛媛信用金庫）等、多分野にわたっており、それぞれの多様な分野における推進の取組に対応し、地域全体の関連機関で情報共有することを目指したものである。

　協議会では、平成26年度には、地域経済の活性化に資する女性活躍推進の方策を協議し、活動指針となる「行動宣言」を作成した他、管理職向けセミナー等を実施した。平成27年度には、県の委託により経営層と女性従業員のそれぞれの対象に対して県内3つの会場でセミナーを実施した。

市の男女共同参画推進センター委託事業をモデルに、県域で事業を展開

　これらのセミナーは、前年度に松山市で開催したセミナーをもとにしている。連合会は、平成26年度に、松山市男女共同参画推進センターの指定管理者である公益財団法人松山市男女共同参画推進財団（以下「財団」という）の委託事業として「次世代ワークスタイル」事業を実施した。この事業では、経営者・管理職（「まどんなサポートマネージャークラブ」）と女性従業員（「まどんなメンターネット」）の2つの対象に、ワークショップや事例提供を中心とした勉強会を各3回実施した。女性従業員向けの「まどんなメンターネット」は、メンター育成をテーマとし、ワークショップで話し合われた内容は、経営者・管理職対象の勉強会で報告し、経営者の立場から検討を行った。

　この事業が好評だったことから、平成27年度には、県の委託を受け、同様の事業を協議会の事業の一環として、県内の3つの地域（東予、中予、南予）にて「ひめリットマネージャークラブ」（経営者・管理職向け）を各1回、「ひめリットメンターネット」（女性従業員向け）を各2回開催した。松山市においても、市の地域経済課が設置する「松山市中小企業振興円卓会議」の活動の一環と位置づけて事業を継続し、勉強会では、メンター/上司がメンティー/部下とコミュニケーションをとる際のきっかけとなることばをカードに記したコミュニケーションツール「女性活躍推進カード」を開発した。このツールは、配付した企業等に活用した感想についてアンケート調査を行い、効果を検証しているが、非常に好評である。

　財団では、これまで企業や経済団体とのつながりは特になかったが、平成25年度に初めて経済団体に事業委託し、平成26年度は女性の活躍推進をテーマに事業を実施した。委託した事業であっても、連合会に任せきりにはせず、講演会や勉強会等はセンターを会場として、財団の職員と市の男女共同参画担当職員は、毎回、オブザーバーとして参加することで、センター事業の広報をしたり、参加者のニーズを把握したりすることに活かした。そのうえで、平成27年度より、財団の事業として、事業所における女性の活躍推進の取組を「まどんな応援企業宣言」として申請する企業を募集し、「まどんな応援企業」として認証する事業を実施している（平成27年度30社→平成28年度50社認証）。この一連の取組は、つながりの弱い分野において事業を開始

する前に、当該分野の機関に委託して事業にかかわることを通して、その分野の状況把握やネットワーク形成を進め、そのうえで新たな事業を実施しており、事業展開の方法としても参考になる。

「まどんなメンターネット勉強会」の様子

女性活躍推進カード

取組の見える化で企業の女性活躍推進のしくみづくりを支援

　このように、多様な機関がかかわるネットワークや県域での勉強会等を通して、女性活躍推進に向けた意識の醸成を図ることとあわせて、各企業の計画策定やしくみづくりについて、財団の「まどんな応援企業」のような認証制度や、しくみの明文化、目標設定、公開等、取組を見える形にする複数の支援を行っている。

　県内企業の大半は、行動計画策定が努力義務にとどまる中小企業が占めている。県の県民環境部男女参画・県民協働課は、「えひめ女性活躍推進協議会」のネットワークを活かして、主に中小企業における女性活躍推進に関する自主目標の設定を推進するために、シート（自主目標設定状況報告シートおよび自主目標設定シート）の作成やホームページでの公表を推進している。また、中小企業にも計画的、自主的に女性活躍の取組を進めてもらうため、ネットワークを活用し、税理士や社会保険労務士等の専門家を対象としたアドバイザー養成講座も実施して「ひめリットアドバイザー」として登録し、企業からの依頼に応じて無料でアドバイザーを派遣している（連合会が県から事業を受託して実施）。

　連合会では、県の受託事業として、仕事と子育ての両立支援に取り組む中小企業を「えひめ子育て応援企業」として県が認証するサポートも行っている。平成28年度には、この認証を申請することの企業にとってのメリットを増すための取組を検討し、大学と連携した事業を開始した。県内の全8大学・短大、えひめ女性財団、および松山市男女共同参画推進財団が「えひめ男女共同参画推進大学等連絡協議会」を結成し、協議会も参画することとなった。同年には、このネットワークが主催する「仕事も生活も〜将来の生き方を考える〜ひめじょ！　就活カフェ」と題し

たイベントを実施した。企業と学生との意見交換の機会を設けたこのプログラムでは、参加企業を「くるみん認定」や「えひめ子育て応援企業」等の認証を受けた企業に限定した。学生にとっては、女性が働きやすい企業が集められた機会であり、企業にとっては、人材の確保の機会になる。この取組のように、事業展開に必要なネットワークを形成したうえで事業と事業をつなげ、相乗効果を図ることも進めている。

3 企業で働く女性のリーダー育成とネットワーク形成を支援
札幌市男女共同参画センターの取組

取組の概要

　公益財団法人さっぽろ青少年女性活動協会（以下「協会」という）が管理運営する札幌市男女共同参画センター（以下「センター」という）では、平成15年の開設当初から、女性の就労にかかわる支援を行っているが、女性のニーズや社会の変化を見極めて支援の対象やテーマ設定を見直し、時勢に応じた事業を提供している。企業で働く女性を対象とした講座は、これまで土日や終業後の夜間に実施してきたが、平成25年度の内閣府からの受託事業をきっかけに、平日の日中、参加者が勤務先の承諾を得て勤務時間内に受講する研修の実施を継続している。経済団体や企業等とのつながりを積極的に活かし、起業支援や男性の意識啓発の取組も広げている。

女性の起業支援の取組をきっかけとした経済団体とのつながり

　センターは、市民活動サポートセンター、環境プラザ、消費者センターの4つの公共施設が入る札幌駅近くの複合ビルにあり、この4施設すべて協会が指定管理を行っている。当協会は、昭和55年に設立（当時は財団法人札幌市青少年婦人活動協会）され、現在では、これらの施設の他、市内の複数の青少年施設を指定管理運営および自主運営し、職員数は約1,500名の大規模な組織となっている。女性のキャリア支援事業は、現在の事業計画における4つの重点分野（「子ども・若者への男女共同参画啓発事業」「男性のためのエンパワーメント事業」「誰もが子育てしやすい環境づくり事業」「働く女性のためのキャリア支援事業」）の1つに位置づけている。

　当センターでは、平成15年のオープン当初から女性のための再就職準備講座を行ってきたが、平成18年にマザーズハローワークが市内に設置される等、女性を取り巻く状況の変化により申込者の減少が見られた。そこで地域の女性の声を聴く等して情報収集し、事業の方向を転換した。平成22年に講座「地域で！　おウチで！　私らしい仕事の始め方」を企画したところ、すぐに定員に達し、起業支援に対するニーズの高さを確認した。講座修了後は、参加者が自主的にグルー

プ活動を始めるよう支援した。また、起業のトライアルをしたいという要望を受けて、センター内に、物品の販売や教室の開催等、起業の試行ができる「チャレンジスペース」を設置した。

これらの取組を知った市の経済局から、女性を対象としたソーシャルビジネスに関する講座の共催依頼があり、平成23・24年度には「女性のためのソーシャルビジネス講座」（交流会を含めた全7回）を実施した。この共催事業でつながりのできた北海道経済産業局の依頼により事業を受託し、平成25年度には、「チャレンジスペース」を設置していた場所を起業支援のための「コワーキングスペース」として、1か月間、試験的に事業を行ったところ、多くの利用者があり、好評であった。そこで、平成26年度からは、このスペースを常設の女性のためのコワーキングスペース「リラコワ」として、経済産業省が認定する「札幌市創業支援事業計画」の一環として開設した（独立行政法人中小企業基盤整備機構の3年間の補助金事業）[8]。

経済団体等とのつながりを活かして働く女性や企業を対象とした事業を展開

それまでにも、働く女性向けのキャリアセミナーを土日や夜の時間には行っていたが、社会の流れとともに、女性だけを対象とするのではなく、企業にアプローチして変革を促す必要性を考えていた。しかし、企業等との直接的な結びつきはほとんどなかったため、起業支援を通してできた経済団体等とのつながりは、それ以降の事業を効果的に展開していくうえでの大きな足がかりになった。まず、企業向けの事業として、平成26年度に北海道経済産業局と「Hokkaido!ダイバーシティ経営推進フォーラム」を共催（北海道ニュービジネス協議会との3機関の共催）することになった。この際、センターがフォーラム申し込みの窓口になることを申し出て、このテーマに関心のある企業の状況を把握することに役立てた。他にも、企業向けセミナーを開催する際にはグループワークを取り入れて、個々の参加者の様子からキーパーソンを見つけたり、市内で開催される関連イベントにも職員が積極的に参加する等して、企業の関係者との顔の見えるつながりやネットワークを広げていった。

また、同年には、内閣府男女共同参画局の「地域における女性活躍推進モデル事業」を受託して、ロールモデルの発信や女性リーダーのネットワーク化を目的とした「さっぽろ女性リーダー Net 事業」を実施した。企業で働く女性がグループワークを通して「女性が活躍できる街札幌」を実現するための提言を作成する「さっぽろ女性リーダー Net 会議」（全3回）は、これまでの働く女性向けセミナーと異なり、平日の日中に実施した。出席者を募る際には、女性個人としての応募ではなく、会社が女性を派遣する形にし、市内17社から18名の女性が出席した。出席者のうち、約半数は、新しくできた経済団体等とのつながりで声をかけた企業からの出席であり、残りの半数は、従来の講座の修了生に声をかけたところ出席を希望した女性である。後者の女性たちが所属する企業には、センターの職員が1件ずつ訪問して、企業派遣の承諾について交渉した。

---

8 札幌市男女共同参画センター「リラコワ」の取組については、飯島（2016）参照。

職場でのアクションプランを考えて共有、相互の学び合いを支援

「さっぽろ女性リーダー Net 会議」と同様の参加者の募集方法で、平成 27・28 年度には、キャリア支援事業の一環として「アクションプラン研修」を実施した。平日の日中に勤務の一環として研修に参加することは、参加者にとっては所属企業のリーダー候補としての自信が高まり、企業にとっても女性活躍推進に向けた意識啓発につながると、センター職員は考えている。一方で、研修に参加したいが企業からの派遣の承諾が取れない女性もいるため、従来のように夜の時間に行うキャリア支援にかかわる講座も並行して実施している。

研修のプログラムは、以下のようになっている。

平成 28 年度「女性リーダーのための成果を上げるアクションプラン研修」（全 3 日）

		テ　ー　マ	内　　容
1	7/8（金）15:00-17:00	目標設定のルール	・なぜ目標設定が必要か ・自分の価値観を知る ・成果を上げるための目標設定
2	7/26（火）15:00-17:00	実行に移せる計画づくりのポイント	・目標達成ための具体的なアクションづくり ・数値化／言語化の技術 ・目標達成シートの作成とポイント
3	8/9（火）15:00-17:00	アクションプラン発表会	・ロールモデルによる発表 ・各人の作成した目標の発表／共有

全 3 回を通して、参加者がチームや会社を育てる担い手になることを目指し、目標設定とアクションプランをつくり、共有する。平成 27 年度の参加者が平成 28 年度のアクションプラン発表者になる等、参加者相互の学び合いやネットワークづくりも意図している。

平成 28 年度は、当センターの女性活躍関連事業として、国の「女性活躍加速のための重点方針 2016」に基づき、①女性リーダー育成、②企業の意識変革、③起業への支援強化の 3 点に力を入れて進めている。先に述べたような企業とつながりを持ちながら実施する女性リーダーの研修や、男性中心の雇用慣行を変革するために多様なステークホルダーを巻き込んだ「働き方改革さっぽろ会議」、コワーキングスペースの運営や「北海道女性起業家支援ネットワーク」の構築（経済産業省委託事業）等の起業支援にかかわる事業等、様々な取組を、市内や道内のつながりを活かし、新たなつながりを積極的につくりながら事業を展開しているところである。

「アクションプラン研修」の様子　　　　　　　　　　　「働き方革命円卓会議」の様子

【参考文献】
- 飯島絵理, 2016, 「女性の活躍推進の新たな実践——具体的な取組と事例コラム6」国立女性教育会館編『地域における女性の活躍推進実践ガイドブック——地方公共団体や男女共同参画センターの新たな連携と役割』66-68.
- 厚生労働省, 2013, 『女性社員の活躍を推進するためのメンター制度導入・ロールモデル普及マニュアル』. http://www.mhlw.go.jp/topics/koyoukintou/2013/03/07-01.html
- 武石恵美子, 2014, 「女性の仕事意欲を高める企業の取り組み」佐藤博樹・武石恵美子編『ワーク・ライフ・バランス支援の課題——人材多様時代における企業の対応』東京大学出版会.

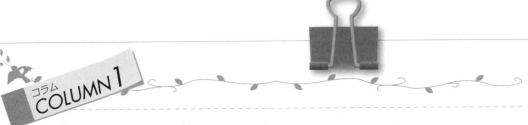

行内・地域・業界・企業等においてネットワークを構築し、経営戦略としてのダイバーシティを推進
千葉銀行の取組

千葉銀行ダイバーシティ推進部

女性活躍推進の取組背景

当行は昭和61年に全国の銀行で初めて女性を支店長に登用する等、他の金融機関と比較して早い時期から女性の活躍を推進してきました。その後、平成17年の次世代育成支援対策推進法の施行を機に、本格的に女性活躍推進に取り組み始めました。

まず、女性活躍推進の全社的な理念を定めた「女性いきいきキャリアアップ宣言」を公表しました。平成26年にはシンボルマークとなるロゴを制定するとともに同宣言をリニューアルし、「ダイバーシティで 強く しなやかに ～価値観の多様化で新たな発想を生み出そう～」をスローガンに「ダイバーシティ行動宣言」を新たに策定・公表しました。ダイバーシティ推進を持続的成長のための経営戦略と位置づけ、多様な人と人が連携し、お互いの持ち味を活かすことで環境の変化に柔軟かつスピーディに対応できる組織を創るため、その第一歩として職員の約4割を占める女性の活躍推進を中心に取組を進めています。

女性活躍推進において1つの転換期となったのが、平成23年に設置した女性活躍サポートチームです。人事部門に横串を通す形で、人事の企画、研修、採用、異動、給与の担当をメンバーに選定し、チームリーダーには核家族で子育てを経験してきた女性管理職が就任しました。チームリーダーは育児休業明けの職員や比較的男性の多い業務である渉外担当の女性等を対象に個別面談を行い支援するとともに、彼女たちの声を聞き、それを施策に活かしてきました。「ちばぎんママの会」は個別面談の声を受けて実現したものです。子供を持つ女性同士による意見交換会の他、小1、小4の壁の乗り越え方や時短料理・家事のテクニック等に関する情報を銀行から提供しています。

また、業務の都合で残業せざるを得ないケースでは、女性の大半は「自分の責務を果たす」という意識と「子供のために帰らなければ」という意識の葛藤に悩んでいることが個別面談を通してわかりました。そこで、延長保育の費用やベビーシッター代、病児・病後児保育の費用等を補助する「育児関連費用補助制度」を設け、意欲・能力のある女性をサポートするという銀行の姿勢を打ち出しました。

ダイバーシティ推進の具体的な取組

　平成26年6月、内閣府がサポートする「輝く女性の活躍を加速する男性リーダーの会」に頭取の佐久間英利が行動宣言の策定メンバーとして参加したことをきっかけに、トップ自らが発信することで、女性活躍推進の取組はさらに力強く進められるようになりました。こうした動きの1つとして、同年7月に設置されたのが「ダイバーシティ推進委員会」です。企画管理本部長である取締役専務執行役員を筆頭に、男女、本部・営業店、年齢層も20～50歳代と様々な背景を持ったメンバー24名で構成されている当委員会では、月1回会合を重ねながら、ダイバーシティ推進、特に女性活躍推進の取組を進めています。

　具体的には、委員会のなかに3つの部会を設けて、女性登用の数値目標の設定、それに向けた課題の洗い出し等を行う「ゴール検討部会」、ダイバーシティ意識の啓発、両立支援制度の周知等を行う「コミュニケーション部会」、キャリア形成支援、ロールモデルの創出等を行う「キャリアアップ部会」がそれぞれの課題に対する施策等を検討し、毎月の委員会に諮りながら活動を進めています。部会では、メンバーで集まって会合を開いたり、集まれない場合はメンバーに開放された会話形式でやりとりのできるチャットを利用して意見を出し合ったりしながら、施策を練り上げています。

　平成27年3月に開催した「ダイバーシティフォーラム」はコミュニケーション部会の発案によるもので、役員、部長、支店長（部長級）、女性支店長、女性職員等、総勢161名参加のもと、有識者による基調講演の他、支店長と女性参加者による意見交換等を行いました。その他にも、ゴール検討部会では男性の育児参加促進策の提案や仕事と介護の両立セミナーの実施、キャリアアップ部会では女性ロールモデルやイクメン、外国籍の従業員等の行内報での紹介、ダイバーシティレポートの策定・全職員への配布等、各部会が様々な施策に取り組んでいます。

　平成26年8月にダイバーシティマネジメント推進の第一歩として、2020年度までにリーダー職の女性比率を30％、管理職の女性比率を20％とする女性登用の数値目標を設定し、これを公表しました。男性中心の組織運営から脱却し、新たな目線で経営していくためには、優秀な女性を管理職に育てて積極的に登用していくことが急務の課題となっています。そのために女性管理職登用に向けたキャリア形成支援、管理職候補の育成にさらに力を入れて取り組んでいます。同年10月には、前述の「女性活躍サポートチーム」を部として独立させ「ダイバーシティ推進部」を新設し、ダイバーシティ推進委員会、人事部門（人材育成部）、働き方改革推進部と密接に連携を図りながら、ダイバーシティ意識の啓発、女

性職員のキャリア形成支援、各種制度の整備・改善等に取り組む体制に切り替えました。

施策については、①職域拡大（仕事をつくる）、②人材育成（人を育てる）、③環境整備（職場をつくる）の3つの視点で展開してきました。

①職域拡大（仕事をつくる）では、一般職を廃止して女性の総合職化を図った他、渉外担当者や本部企画部門への積極登用を進める等、女性の活躍できるフィールドを広げていく取組を進めてきました。

②人材育成（人を育てる）では、1年間のインターバル形式で行う女性向けキャリア形成支援研修や男性・女性管理職との座談会、女性異業種交流会等を開催し、今後のキャリアを考えるうえでの新たな気づきを得られるような仕掛けづくりのほか、女性がこれまでかかわることの少なかったマネジメントスキルの強化研修等に取り組んでいます。また、今年度から役員をメンター、女性管理職をメンティとするキャリアサポート制度を実施する等、管理職から非管理職まで幅広い層に対し、キャリア支援のアプローチを行っています。

③環境整備（職場をつくる）では、育児をしながら働き続けられる環境を整備するため、事業所内保育所の設置や子の看護休暇の対象範囲の拡大、短時間勤務制度の柔軟化等、両立支援制度の拡充を進めています。

ここ最近は、女性が育児をしながら「働き続けられる」から「ごく普通に活躍できる」銀行を目指し、育児休業者向けに投資型金融商品販売の勉強会を実施したり、育児休業中に一定日数働くことのできる「短日勤務制度」を導入する等、育児休業からのスムーズな復帰に向けた取組を推進しています。当行では、ダイバーシティに対するアイディアや意見を広く募集するとともに、ダイバーシティ推進部、ダイバーシティ推進委員会の検討施策を紹介するためのサイト「ダイバーシティアイディアPOST」を行内に設置しており、旧姓使用や不妊治療の通院時に利用できるチャイルドプラン休暇は、本サイトに寄せられた意見をもとに制定されたものです。

また、当行では女性の活躍を進めていくうえで一番大事なのは職員の意識改革であると考え、前述の「ダイバーシティフォーラム」の他、フォーラムに参加できなかった女性職員を対象に「ダイバーシティ意識啓発セミナー」を実施しました。この他にも、ダイバーシティ意識啓発ビデオを作成し、これを全職場で視聴後に勉強会を行ったりする等、職員の意識改革に努めてきました。職場勉強会では、ダイバーシティ推進が子供を持つ女性だけが対象であるかのような誤解を招くことがないよう、仕事と介護の問題にも焦点を当て、

働き方を変えていくには自分たちに何ができるのかを各職場で議論してもらう等、工夫を凝らしました。

　これからやってくる大介護時代に備え、仕事と介護の両立にも取り組んでいます。具体的には、毎年実施しているモラールサーベイのなかで仕事と介護の両立に関するアンケートを実施し、実態の把握に努めるとともに、次の3つの観点で取組を進めています。①両立支援制度については、法改正に先んじて3回に分けて通算1年間取得できるようにしました。②介護に直面する前の施策としては、介護セミナーを継続的に開催している他、前述の職場勉強会を全職場で実施しました。③介護に対する側面支援としては、地元のドラッグストアと介護関連サービスの利用提携を結び、介護に関する電話相談やケアプランの作成、介護保険適用外のサービスや介護用品の割引等が受けられるようにしました。

働き方の改革、男性の育児参加促進

　女性の活躍を推進していくうえで欠かせないものが、時間外労働の削減と男性の育児参加促進です。時間外労働削減の取組では、業務の効率化を最優先課題として、働き方の改革にも取り組んでいます。具体的には、平成25年に「業務効率化及び早帰り推進委員会」を設置し、全店から寄せられた1,300件を超える業務効率化の提言に対応するため、プロジェクトチーム等を立ち上げ、順次施策を実施しました。あわせて勤務形態の柔軟化にも取り組み、自己選択により始・終業時間をフレキシブルに変更できるセレクト勤務制度や半日単位の振替休日制度を導入する等しました。

　その他にも、早帰りに向けたモラールアップの取組として、「イクメン・イクママ　カエルみえる化キャンペーン」と題して、職場全体の早期退行を促すとともに、業務効率化を進めた営業店を表彰したり、時間外労働の削減実績を業績表彰の点数に加える等の取組を行っています。また、行内報やビデオニュースで、業務効率化を進め時間外労働の削減を図っている営業店を紹介し、銀行全体でこの取組を広めた他、特定月には、各自が目標とする退行時刻を机上に掲げるキャンペーンを実施しています。この結果、営業店の平均時間外労働は、取り組み始めた3年前に比べ、月5時間程度削減されました。平成28年10月には、

業務効率化カエル活動
特例子会社ちばぎんハートフル㈱の職員がキャラクターを制作

ITのさらなる活用、時間や場所に捉われない柔軟な働き方を目指し、「働き方改革推進部」を設置しました。

男性の育児参加促進の取組については、平成26年から「仕事も育児も‼ すてきなパパ宣言」を実施しています。これは、男性職員が育児休業の取得計画を策定するとともに、自分が育児にどのようにかかわるのかを職場に宣言し、これを職場全体で応援する取組です。その他にも、イクメンハンドブックや産後うつをテーマにした「新米パパのサポートブック」を作成したり、イクメン先輩行員との意見交換会「イクメン・イクママセミナー」を開催する等、様々な施策に取り組んでいます。また、頭取自身が共働きだったこともあり、あらゆる機会を捉え、トップ自ら男性の育児参加の必要性を職員に訴えかけており、トップダウン、ボトムアップ両面から、この取組を進めています。この結果、平成26年度14.3％だった男性の育児休業取得率は平成27年度61.6％へと大幅に上昇しました。

ダイバーシティ推進、女性活躍推進には「管理職の役割こそが鍵となる！」という考えのもと、当行ではイクボス推進に取り組んでいます。平成27年9月に、NPO法人ファザーリング・ジャパンのイクボス企業同盟に加盟し、同年10月には副支店長を対象にイクボスセミナーを実施しました。その後も各階層にイクボス講義を実施し、管理職に対してイクボスの意識浸透を図っています。

また同年11月、千葉市長と市内主要企業・団体のトップと共同で「イクボス宣言」を行い、地域全体、産学官一体でワーク・ライフ・バランス、イクボス推進に取り組んでいます。平成28年7月には共同宣言した企業・団体の管理職を集め、千葉市共同イクボス異業種交流会を実施し、11月に各企業・団体から1名ずつイクボスを推進し表彰する「ちばイクボス同盟アワード2016」を開催しました。

企業の枠組を越えた取組

頭取の佐久間が全国地方銀行協会会員行の頭取に声をかけ、平成26年11月、会員全64行の頭取参加のもと、「輝く女性の活躍を加速する地銀頭取の会」が発足しました。本会では、会員各行の女性活躍の取組の底上げを図るとともに、会員行の共通のアウトプット創出を目的に、推進担当者を集めた「女性活躍推進研究会」や会員各行の女性リーダー候補者を集めてキャリア形成支援研修を行う「女性リーダー育成部会」をそれぞれ3か月に一度のペースで開催しています。「女性活躍推進研究会」では、64行の様々な女性職員を集めたロールモデルブックの他、キャリアデザイン研修で各行が共通で使用できるキャ

リアデザインブックを策定しました。今年度の研究会では、ダイバーシティ推進、女性活躍推進の重要性や取組を各地域に展開していくためのツールを作成しています。「女性リーダー育成部会」では、管理職～管理職一歩手前の各行の女性職員を対象に1年間のインターバル形式で研修を行いました。平成28年度については、将来経営層を期待される女性を対象に、より広い視野と高い視座を養い、モチベーションを高めるとともに、実務に繋げるスキル研修を実施しています。

また、本会では平成27年4月、「地銀人材バンク」を創設しました。これは、会員各行の職員が結婚・配偶者の転勤・家族の介護を理由に、やむなく転居するため退職する場合に、本人の希望があれば転居先会員行へ紹介するしくみです。創設から1年半で106件もの応募があり、そのうち約73件、紹介中16件という実績になりました。「地銀人材バンク」は、会員各行の①専門・高度人材の必要性、②地域に根ざした営業基盤、③全国ネットワーク、これらを組み合わせた、地方銀行ならではの職員の「キャリアの継続形成」と会員の「即戦力人材の確保」の両立を可能とする取組となりました。

取組成果

本格的に女性活躍推進に取り組み始めた平成17年と現在を比較すると、女性管理職は15人（1.9％）から92人（9.0％）、リーダー職は94人（9.1％）から233人（28.0％）へ増加しました。平成26年10月に初めて誕生した女性部長も現在4人まで増え、支店長や副支店長についても適材適所で女性を配置している他、11年前には36人しかいなかった渉外担当者も現在は155人まで増加するなど、男性主体と思われていた職務についても女性の進出が進み始めています。

当行は、これまでトップの強いコミットメントのもと、ダイバーシティ・女性活躍を推進してきました。今後も様々な考えを持った職員の柔軟な発想を取り入れ、スピード感を持ってダイバーシティ推進に取り組んでいきたいと思います。

女性活躍推進の取組の成果（平成17年との比較）

項　　目	平成17年4月	平成28年7月
女性取締役	0人	2人
女性管理職登用数 （管理職に占める女性比率）	15人 （1.9％）	92人 （9.0％）
部長	0人	4人
支店長・所長・副部長	2人	24人
副支店長	9人	31人
女性役席者登用数（リーダー） （役席者に占める女性比率）	94人 （9.1％）	233人 （28.0％）
女性渉外担当者	36人	155人

第Ⅱ部 第2章 「働く」に至るプロセスをきめ細かく支え、女性の力を地域で活かす

　経済社会の大きな変化に伴い、女性の生き方、暮らしぶりも多様化しているため、女性の活躍を支援するためには、様々な状況に置かれた女性のニーズにそった取組が必要となる。また、女性の就労は、出産や子育ての影響を受けやすく、自分自身や周囲の固定的な性別役割分担にかかわる意識や風土が妨げとなって、能力を十分に発揮できていない場合も多い。このような女性への支援は、一人ひとりの女性の生涯を見据え、中長期的な視野を持ったきめ細かな対応が重要となる。

　本章では、女性の就労にかかわる多様な取組のうち、①子育て中の女性の再就職支援、②若年無業女性の支援、③女性の起業支援の3つの事例を紹介し、「働く」に至るきめ細かな支援の意義とその方法について検討する。また、コラムでは、育児休業中の女性を対象としてプログラムを提供する取組について紹介する。

多様な女性の実情にあわせた「働く」に至るプロセスの支援が必要な背景

　第1章で見たような企業等で働く女性の意思決定過程への参画や、仕事と生活が調和される労働環境の整備等にかかわる施策は、主として正規雇用の女性を対象とした取組といえる。これらの取組ももちろん重要であるが、実際には、女性の雇用者の56.3％は非正規雇用者であり、意思決定過程への参画や経済的自立を目指す以前の段階に立っている女性も多い（内閣府男女共同参画局編 2016: I-2-4 図）。依然として第1子の出産を機に約6割の女性が職業生活を中断しており、また中断後に再就職を希望しても、保育所探しや育児と仕事との両立等、種々の壁が立ち塞がっている（内閣府男女共同参画局編 2016: I-3-4 図）。

　本章で示す事例3つのうち1つ目は、子育て中の女性の再就職支援としてワンストップ支援の拠点を設置する事例である。先述したように、子育て中の女性の再就職にかかわる課題は、就職先を見つけることだけでなく、待機児童の問題等で子供の預け先が見つかりにくいことや、就労中断による今後のキャリア形成や就職後の仕事と子育ての両立に対する不安等が複合的に絡み合っている。これらの複合的な課題に対応する自治体の所管は、労働分野や子育て支援、女性相談等、複数にわたっており、女性が小さい子供を連れて気軽に相談に訪れることもできない。このような状況に対して、京都府府民生活部男女共同参画課では、サービスの提供を1か所に集めた「ワンストップサービス」に先進して取り組み、関連機関・部局が連携しながら子育て期の女性の就労と子育てを同時に支援している。数値目標が重視されがちな就労の分野において、男

女共同参画担当部局や男女共同参画センターがかかわることにより、女性が抱える子育ての悩みの解消や生涯を見据えたキャリア形成の支援等、数値だけを成果としない、別の観点からの支援の可能性を期待することができるだろう。

　２つ目に紹介するのは、未婚の若年層の無業女性を対象とした就労に向けた取組を行っている横浜市の男女共同参画センターの事例である。一般に、男女共同参画センターでは、これまでに、子育て中の女性の再就職支援やシングルマザーの就職支援には着手してきた。未婚の若年層の無業女性については、これまで「家事・手伝い」として隠れて見えなくなっており、男性の無業者に比べ、親や配偶者に扶養されていて働く必要性が低い層と捉えられていた。しかし、近年では、経済的に困窮する未婚女性の現状が、少しずつ明らかになり、複数の男女共同参画センターにおいて、就労に向けた支援が試みられている。社会の変化とともに、女性の現状も様々に変化しており、男女共同参画センターが課題を見つけ、提起していくことは重要である。生活困難な女性への支援も含め、「女性の活躍推進」には、多様な女性の状況にあわせた様々な支援が不可欠である。

女性のキャリア形成支援としての起業支援

　起業の支援も、女性の活躍推進にかかわる主要な取組の１つである。起業は、女性の経済活動への参画を促すだけでなく、新たな地域経済の担い手を創出し、地域社会を活性化する役割を持つものとして期待されている。また、「男性中心型雇用慣行」のもとで働きづらさを感じてきた女性たちにとっては、雇われずに自分自身で働き方や暮らし方を決めることができる就業形態として注目されているところである。

　起業支援の内容は、支援を受ける側の起業に対する意識や経験によって異なり多様であるため、対象による支援内容の違いを捉える際には、中小企業庁による以下のような「起業までの４つのステージ」が参考になる（中小企業庁編 2014: 191）。

起業までの４つのステージ（中小企業庁分類による）

①潜在的起業希望者
　　起業を将来の選択肢の１つとして認識しているが、現時点では何ら準備をしていない者
②初期起業準備者
　　起業したいとは考えており、他者への相談や情報収集を行ってはいるものの、事業計画の策定等、具体的な準備を行っていない者
③起業準備者
　　起業に向けて具体的な準備をしている者
④起業家
　　起業を実現した者　　　　　　　　　　　　　〔「起業希望者」は②および③〕

現在、男女共同参画センターにて実施されている起業支援に関連する取組を、この「起業までの4つのステージ」にあわせてみると、すべてのステージを体系的に実施しているセンターもあるが、①潜在的起業希望者や②初期起業準備者に向けた事業を実施しているセンターが多いといえるだろう。

企業を対象とした取組と同様に、起業支援においても、連携が重要となる。施策では、「潜在的起業希望者から事業成長に課題を抱える創業間もない女性起業家まで、多種多様なニーズに応えることができるよう、地域の金融機関、産業・創業支援機関、NPO、起業経験者等からなる『女性起業家等支援ネットワーク』を全国に構築する」こととなっており、また、「男女共同参画センターが『女性起業家等支援ネットワーク』と連携し、地域の女性起業支援の拠点として、様々な女性のニーズに配慮しつつ、女性起業家に対する企業とのマッチング等の支援を行うことを促進し、起業後の事業継続を支援する」役割を担うとされている[1]。

近年、女性に特化した起業支援は、男女共同参画センターの他、地方公共団体の産業振興等の担当部局や、地域において起業・創業を支援する関連機関において行われている。様々な機関で女性の起業支援が行われるなか、男女共同参画推進の拠点である男女共同参画センターにおいて女性の起業支援を行う意義は、女性の経済的エンパワーメントを支援する視点に立ったきめ細かな支援を行う点にあるだろう。ここでいう経済的エンパワーメントは、単に経済的な成功やスキルの向上といった直接的、表面的な要素だけでなく、女性の主体性や自立、意思決定への参画、固定的な役割分担意識の解消等、多面的な要素を含む[2]。女性が起業することや働くこと、新たなキャリアを築くことを模索するにあたり、直面する多くの課題は、男女共同参画の課題と密接にかかわっており、それらを認識し、自分自身のそれらに対するこれまでの経験や意識、周囲の慣習や社会のしくみ等を整理し、乗り越えることが、経済的エンパワーメントにつながっていくと考えられる。高い経済性を持った起業や就労ができる／できたかどうかだけでなく、これらの乗り越えの過程を見ていくことが必要ということである。

また、起業に関するノウハウの部分は地域の資源を活かしつつ、講座修了生のネットワーク形成の支援や、起業を通した男女共同参画の視点に立った地域づくりを支援し、そのために人や情報をつなげるといった役割を果たすことが重要といえるだろう。

本章の3つ目の事例は、もりおか女性センターの起業支援を取り上げる。女性は、起業をした後も、様々な男女共同参画にかかわる課題（周囲の固定的性別役割分担意識、家族とのかかわり、子育て・介護等）による壁にぶつかりやすい。事例では、上に述べたような経済的エンパワーメントを支援する視点に立ち、また、女性の起業講座の受講から、修了して起業した後まで長期的な視野を持ち支援をしている様子がうかがえる。

---

1 すべての女性が輝く社会づくり本部「女性活躍加速のための重点方針2016」平成28年5月。
2 これらの女性の経済的エンパワーメントについての議論は、国際機関等による途上国支援において様々に検討されている。例えば、Wu, Diana, 2013, *"Measuring Change in Women Entrepreneur's Economic Empowerment: A Literature Review"*, Working Paper, September 2013, The Donor Committee for Enterprise Development. http://www.enterprise-development.org/wp-content/uploads/Measuring_Change_in_Women_Entrepreneurs_Economic_Empowerment.pdf

コラムでは、育児休業中の女性を対象としたプログラムの開発・提供により、女性の就業継続と能力開発を支援する「育休プチMBA」の取組を紹介する。

❶ 子育て中の女性のニーズと社会課題に対応した ワンストップサービスの提供
京都府府民生活部男女共同参画課の取組

取組の概要

　京都府では、府民生活部男女共同参画課を所管として、女性の活躍推進に関する様々な施策が行われている。その1つとして、「京都ジョブパーク マザーズジョブカフェ」（以下「マザーズジョブカフェ」という）での子育て中の女性の就業支援がある。子育て中の女性一人ひとりのニーズに応じてワンストップで支援を行う拠点として、平成22年に京都府男女共同参画センター（以下「センター」という）内に設置された。キャリアカウンセラーやハローワーク相談員による相談や職業紹介、各市町の保育情報の入手、就職に役立つセミナーの受講等、子育て中の女性が働きたいと考えた際に、必要な情報やアドバイスを1か所で得ることができる。就職活動中や就職後の1年間は保育を利用することもできる。また、ひとり親自立支援コーナーも併設している。関連部局・機関が連携したこのような施設を設置したのは、全国でも京都府が初めてであり、現在では他の自治体においても、地域の実情にあわせた工夫をした実施が広がっている。

　京都府では、府庁内外の連携を進めることで、この他の取組においても女性活躍推進を加速させている。平成27年3月に「輝く女性応援京都会議」を発足させて経済団体等と行政（京都府・京都市・京都労働局）の協力体制を構築、平成28年8月には女性活躍支援拠点「京都ウィメンズベース」を設置し、「京都女性活躍応援計画」に基づいた取組に着手している。これらの取組の概要についても後半で示す。

関係部局・機関が連携し、子育てと就業を一元化

　京都府では、働きたい子育て中の女性が、ニーズに応じて子育てと就業の支援をワンストップで受けられるように、平成22年に、センター内に、マザーズジョブカフェを開設した。センターがある複合施設京都テルサには、商工労働観光部が所管する総合就業支援拠点「京都ジョブパーク」があり、当初はこの一角に女性を対象としたコーナーが設置されていた。この女性への支援をさらに充実させるため、府民生活部男女共同参画課の所管として、同施設内のセンターにマザーズジョブカフェを独立させた。事業は民間企業に業務委託し、京都労働局、京都府、京都市、連

合京都、京都経営者協会が「オール京都」体制で協力し運営されている。利用時間は月〜土曜日の午前9時から午後5時までである。

　マザーズジョブカフェを訪れ、まず受付で相談したいことや知りたいことを伝えると、適切な利用のしかたやコーナーを案内される。「フロアマップ」にあるように、以下のようなコーナーに分かれており、行政所管の異なる部門のスタッフや情報がここに集まっていることがわかる。

　女性再就職支援コーナー：キャリアカウンセラーが一人ひとりに合った働き方、適性、就職活動に関するアドバイスを行う
　マ ザ ー ズ コ ー ナ ー：ハローワークの相談員が職業相談・職業紹介を行う
　ひとり親自立支援コーナー：社会福祉法人京都府母子寡婦福祉連合会の生活相談員および職業相談員が、ひとり親家庭の親の就業・生活相談や情報提供を行う
　キ ッ ズ コ ー ナ ー：低い囲みのあるコーナーには保育士1名が常駐しており、目の届くところに安心して子供を預け、各コーナーで相談や情報収集を行うことができる。授乳室も完備されている

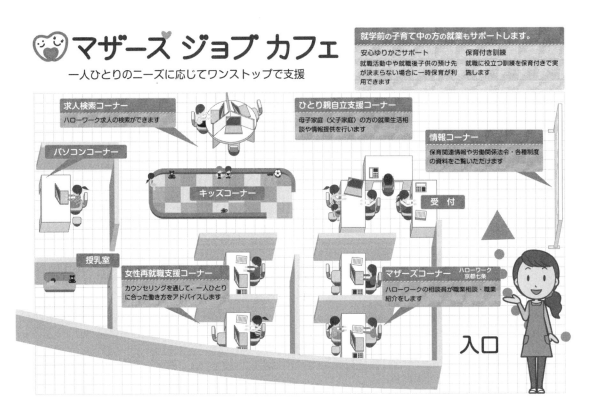

「マザーズジョブカフェ」フロアマップ

　就職活動やブランクのある再就職の不安をサポートするために、定員10名程度の様々なセミナーも実施している。受講希望者は、マザーズジョブカフェまたは京都ジョブパークに登録し、

カウンセリングを受けることを前提としており、一人ひとりの受講者のフォローアップも行っている。例えば、平成 28 年 12 月には以下のようなセミナーを実施している。

京都ジョブパークマザーズジョブカフェ 就職支援セミナー　平成 28 年 12 月

女性人材活躍支援セミナー	
2 日 (金)10:00-12:00	職種理解（事務）
7 日 (水)10:00-12:00	自分に合った求人情報の探し方
13 日 (火)10:00-11:00	子育てママのためのミニマネー講座♪
15 日 (木)10:00-12:00	キラッと光る応募書類の作成講座
20 ～ 22 日 10:00-13:00 （3 日間コース）	再就職の不安をなくす！職場のコミュニケーション術
ひとり親コーナー開催セミナー	
6 日 (火)10:00-12:00	母子家庭のお母さんのための「ほっこりカフェ」
入園・保活・両立セミナー	
6 日 (火)10:00-12:00	入園面接に備えて＆待機児童になったら

　セミナーを受講する際には、施設の 1 階にある保育ルームに子供を預けることができる。また、この保育ルームでは、「安心ゆりかごサポート」として、特色のある支援も行っている。マザーズジョブカフェを利用して就職が決定しても、子供の預け先が確保できない場合、生後 3 か月から未就学児に対し、最長 1 年間の保育を行っている（8:00-19:00、保育士 2 名常駐、定員 30 名）。これらの一連の保育サービスの提供は、就職活動をしたくても子供がいると難しい、あるいは、子供が小さくても再就職に向けて学びたい、年度の途中に就職先が決定したが預け先が見つからない等、現在の保育環境の困難に対応するものである。

　このように、マザーズジョブカフェには、子育て中の女性の就労を支援する様々な機能が集まっており、京都府の健康福祉部家庭支援課（社会福祉法人京都府母子寡婦福祉連合会の所管）や京都労働局（ハローワーク）、市町村の保育担当部局（保育所情報）、業務委託先の民間企業（キャリアカウンセリングやセミナーの実施等）、保育委託先の民間企業等、庁内外の機関の連携が必要となる。ミーティングは、業務委託先の主催で月 1 回、男女共同参画課の主催で数か月に 1 回程度行い、情報の共有を図っている。

マザーズジョブカフェの利用状況と成果

　マザーズジョブカフェの 1 日平均延べ利用者数は、約 60 名（各機能の利用者数計）。平成 27 年度の 1 年間の実来所者数は、6,313 名であった。利用者の年代は、20 歳代が約 15.1 ％、30 歳代が 45.0 ％、40 歳代が 30.1 ％と、30 ～ 40 歳代が多い。来所時の就業状況は、半数以上の 66.6 ％が無職であるが、正規雇用 7.8 ％、正規雇用以外 24.1 ％と、育児休業からの復職予定者や

転職先を探す利用者も約3割いる。保育ルームでの「安心ゆりかごサポート」利用者数は、年々増加しており、平成22年度には980人であったが、27年度には3,301人に増えている。

利用者の相談内容には、働き方や仕事の探し方について、どうしてよいかわからないといった相談や、保育所への入所方法や病児保育の情報を求めるものが多い。また、子供が保育所に入れなかった女性からの相談も多く、就業計画とあわせて相談に乗るケースが増えているという。「安心ゆりかごサポート」の需要の高さやこのような相談の多さは、都市における保育環境が、子育て中の女性の就労に大きく影響していることを示している。子供を持つ女性にとっての就職活動は、単に自分の職を探すということにとどまらず、子供の預け先はどうするか、就職後には子育てと仕事をどのように両立させていくか等、複合的な課題に対する不安をなくし、子供がいても働ける状況をつくっていくことを含んでいる。

平成27年度には、利用者のうち1,179人の採用が内定した。その就労形態の内訳は、4か月未満の非常用が845人と最も多く、4か月以上の非正規雇用が183人、正規雇用が151人である。マザーズジョブカフェでは、キャリアカウンセラーは、正規雇用の利点等についても適宜、助言する。だが実際には、子供が小さいうちは短時間だけ働くことを望む場合が多く、非正規雇用を選択する女性が多くなっている。

府内の他地域にもワンストップサービスの提供を広げている。平成26年に、北部の福知山市に北京都ジョブパーク マザーズジョブカフェを開設し、ハローワーク福知山によるマザーズコーナー、ひとり親自立支援コーナー、保育ルーム等、京都ジョブパーク マザーズジョブカフェと同様の支援を行っている。他に、北部と南部の数か所のハローワーク等に、キャリアカウンセラーや相談員が出向き、「巡回相談」を行っている。子連れで訪れて就職活動ができるワンストップの場を府民の身近な地域に提供できるように、これらの地域では、京都労働局所管のハローワークにアウトリーチして連携するという工夫がなされている。

「オール京都」の「輝く女性応援京都会議」の発足と拠点「京都ウィメンズベース」の開設

京都府では、府民生活部男女共同参画課を所管として、上述のマザーズジョブカフェの他にも、庁内外と連携した女性活躍の取組を推し進めている。平成27年3月には、経済団体等と行政が連携した女性の活躍推進を図るため、後述の表にある21の構成団体による「輝く女性応援京都会議」を発足させた。代表を京都商工会議所会頭と元副会頭（女性）の2名、顧問を京都府知事、京都市長、京都労働局長とした。また、事務局を京都府、京都市、京都労働局、京都商工会議所の4団体が担い、行政と経済界による体制とした。そして、本会議を女性活躍推進法に基づく「協議会」として位置づけた。

輝く女性応援京都会議 構成員

京都府
京都市
京都労働局
京都商工会議所
京都商工会議所女性会
京都府商工会議所連合会
京都府商工会議所女性会連合会
京都府商工会連合会
京都府中小企業団体中央会
京都経営者協会
一般社団法人京都経済同友会
公益社団法人京都工業会
京都府商工会女性部連合会
日本労働組合総連合会京都府連合会
国際ソロプチミスト京都
国際ゾンタ京都クラブ
公益財団法人大学コンソーシアム京都
日本政策金融公庫
公益財団法人 21 世紀職業財団関西事務所
京都府男女共同参画センター
京都市男女共同参画センター

3月に開催した第1回会議にて、「輝く女性応援京都会議」行動宣言を以下4点掲げ、採択した。

①自主的な行動計画の策定推進

②積極的な人材発掘・能力開発・登用等の推進

③「働き方改革」の推進による環境づくり

④起業・創業の推進

この行動宣言にそって、平成28年3月には「京都女性活躍応援計画」（平成28年4月〜平成38年3月）を策定し、この計画を、女性活躍推進法に基づく京都府および京都市の推進計画として位置づけた[3]。

計画を進めていくにあたり、府と京都市、国（京都労働局）、経済団体の異なる組織が実質的に連携して事務局の機能を果たしていくために、府庁の外に、各々の機関から徒歩10分圏内で構成団体も立ち寄りやすいところに拠点をつくることになり、8月に、市の中心地に女性活躍支

3　「京都女性活躍応援計画」の本文は、http://www.pref.kyoto.jp/josei/160325plan.html（京都府ホームページ）参照。

援拠点「京都ウィメンズベース」を設置した。設置を機に、男女共同参画課の女性活躍・ワーク・ライフ・バランス推進担当12名が、常勤としてこの拠点に勤務している。マザーズジョブカフェのある施設に設置していた京都ワーク・ライフ・バランスセンターの機能をここに統合し、京都府男女共同参画課が所管する女性活躍とワーク・ライフ・バランスを同時に推進している。本庁の男女共同参画課には、庶務・総務・企画部門の他、地域の女性の人材育成等を担当している。京都ウィメンズベースのセンター長は、非常勤とし、京都商工会議所女性会会長が就任した。この拠点では、現在、主に次のような事業を実施している。

①国、府、京都市、経済団体等が有する権限、支援制度、組織力を活かした女性活躍推進法に基づく企業の事業主行動計画の策定支援
②企業を越えた女性活躍に向けた人材育成の実施
③企業における働き方改革やワーク・ライフ・バランスの推進支援
④女性起業家の顕彰、事業ブラッシュアップおよびネットワーク構築支援

女性活躍推進のための様々な機関の連携と調整

「オール京都」体制の実質的な連携のために、「輝く女性応援京都会議」の関係機関は、効果的に情報交換や調整を行いながら事業を進めている。「輝く女性応援京都会議」の本会議には団体トップが集まるが、この他に、構成団体の事務責任者等による「企画委員会」、およびウィメンズベースの事務局の構成団体による「事務局会議」を適宜開催している。「事務局会議」は、他の2つの会議を開催する前には、各団体から複数名が集まって何度も打ち合わせを行う。すべての事務局の団体にとって集いやすい拠点があることが活かされているといえる。

京都府庁でこれらの会議に直接的にかかわっている部局は男女共同参画課であるが、情報は庁内でも共有される。庁内では、こども・少子化対策、雇用政策、および男女共同参画の関連する3部局の監[4]が集まる「監会議」を、月1回程度開いており、女性活躍に関連する部局の役職者が顔を合わせて情報交換をしている。

経済界からの要望もあり、京都府と京都市の協力も効率的に進め、京都市内の企業に対する取組をバラバラに進めないようにしている。「輝く女性京都応援会議」にかかわる予算規模としては京都府が最も大きいが、京都市内を対象とした取組は、事業ごとに予算の配分や役割を話し合い、調整している。平成28年5月には、知事と市長は、内閣府が支援する「輝く女性の活躍を加速する男性リーダーの会」[5]行動宣言に同時に賛同した。「輝く女性京都応援会議」の代表が名誉会長を務めるオムロン株式会社の代表取締役社長CEOもこれに続いた。府と市、経済団体等

---

4 「監」は部長級の役職。
5 「輝く女性の活躍を加速する男性リーダーの会」行動宣言に賛同した男性リーダーは、平成28年11月30日現在、136名となっている。社会的な影響力のある男性リーダーに女性活躍推進の取組を広げていくことを目的とし、平成26年6月に行動宣言を公表した。行動宣言の3つの柱「自ら行動し、発信する」「現状を打破する」「ネットワーキングを進める」にそって、賛同者それぞれが具体的な取組を進めている。http://www.gender.go.jp/policy/sokushin/male_leaders.html

「働く」に至るプロセスをきめ細かく支え、女性の力を地域で活かす **II-2**

がそれぞれに女性活躍推進が地域にもたらす意義を理解し、協力し合って効果的に取り組む過程として、ウィメンズベースやマザーズジョブカフェといった特色ある拠点づくりが進んでいるといえる。

2 働きづらさ、生きづらさを抱える若年単身女性の就労への一歩を後押し
公益財団法人横浜市男女共同参画推進協会の取組

取組の概要

公益財団法人横浜市男女共同参画推進協会（以下「協会」という）では、働きづらさ、生きづらさを抱える独身女性に早くから着目し、平成20年度に若年無業女性を対象とした調査を実施、平成21年度から講座事業を開始した。「ガールズ編　しごと準備講座」は、平成28年秋の講座で第16期となり、これまでに約320名が修了し、全国の男女共同参画センターにおける事業企画のモデルとなっている。講座を修了しても、すぐには就労につながらない実情を踏まえ、講座型の支援とあわせて、社会参加体験（ボランティア）や、男女共同参画センター横浜南（フォーラム南太田）（以下「センター横浜南」という）にあるカフェでの就労体験（中間的就労）、講座修了生のサポートグループの運営、メルマガによる情報発信等、就労へつながる一歩を踏み出すために必要な環境づくりを試みている。社会参加体験や就労体験にあたっては、協会とつながりのある地域の団体や若者サポートステーション等と連携して、当事者の女性に伴走している。

見えにくい若年無業女性の課題を掘り起こす

協会は、昭和62年に、財団法人横浜市女性協会として設立された（平成17年名称変更、平成23年公益財団法人へ移行）。現在、横浜市内にある3つの男女共同参画センター（男女共同参画センター横浜（フォーラム）（以下「センター横浜」という）、センター横浜南、男女共同参画センター横浜北（アートフォーラムあざみ野））の指定管理者として、様々な事業を全市的に展開している。協会は設立当初から女性の就業支援に力を入れており、現在は、3館ともに再就職・転職の総合相談窓口として「女性としごと応援デスク」を設け、情報提供やキャリアカウンセリング、社会保険やハラスメント等の相談、ハローワークの求人情報のオンライン検索等を行っている。また、起業支援についても、平成19年に当財団と横浜市、日本マイクロソフト株式会社の3団体が協働して、センター横浜に「女性起業UPルーム」を設置し、相談や講座の事業を展開している。

97

一方、シングルマザーやDV被害女性等、経済的に困難な状況にある女性を支援する事業も実施してきた。これらの事業を実施するうちに、男性のひきこもりや無業者が社会問題となっているのに対し、生活に困難を抱える若い独身女性の就労にかかわる問題は見えにくく、このような女性を受け止める社会資源も十分ではないことに気づいた。そこで平成20年度に、若年無業女性を対象とした調査を実施した結果、対象となった女性たちは、生活上の困難な体験が幾重にも積み重なっていることが浮き彫りになった。この結果を踏まえ、平成21年度からは、男女共同参画を推進する拠点において若年無業女性が安心して集まり、仲間のなかで自己肯定感を高め、自立や就労に向けて次の一歩を踏み出すきっかけを提供するために、講座を実施することとした。

講座と社会参加体験や就労体験を組み合わせたサポート

若年無業女性の支援は、講座だけでなく、社会参加体験や就労体験等、複数の取組からなっており、その流れのイメージは下の図のようになっている。

図表 II-2-1　横浜市の男女共同参画センターによる若年無業女性を対象とした支援の流れ

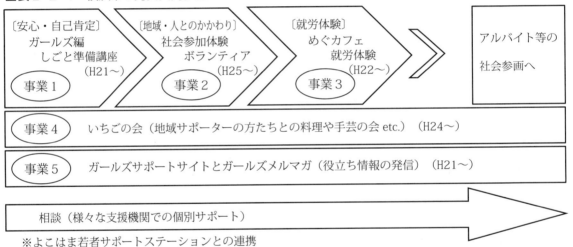

※よこはま若者サポートステーションとの連携

公益財団法人横浜市男女参画推進協会作成の図表をもとに作成

以下、図に示された事業1～5の概要を紹介する。

〔事業1〕ガールズ編 しごと準備講座
　平成28年秋期のプログラムは次のとおり。
　　日　程：全11日　10:15～12:15
　　対　象：15歳～39歳の独身女性20名
　　　　　　（全日程に参加できる人。シングルマザーおよび大学・短大等に通学中の人は対象外）
　　参加費：無料。ただし調理実習の材料費として実費負担300円
　　主催・会場：男女共同参画センター横浜南

プログラム

	日　程	内　　　　　　容
1	10/26（水）	オリエンテーション、安全・安心な場をつくるためのルール、自分の好きなこと・得意なこと
2	10/28（金）	リラックス・ヨガ〔実技〕、婦人科系の課題
3	10/31（月）	呼吸と声力〔実技〕
4	11/2（水）	先行く先輩の体験談、自分を大切にすること
5	11/4（金）	アサーティブネス
6	11/7（月）	適職チェック・しごとの探し方
7	11/9（水）	履歴書のつくり方、若者サポートステーションの案内
8	11/11（金）	働くときに最低限知っておきたい法律・制度・相談先
9	11/15（火）	こころに効く食事と栄養〔調理実習〕（終了 13:00）
10	11/17（木）	先輩体験談、計画表（修了シート）記入、社会参加体験・就労体験等の案内
11	11/22（火）	ふりかえり、全員の発表、交流会

　講座は、平成 21 年度から「ガールズ編　パソコン＋しごと準備講座」（パソコン 27 時間を含む全 16 日間。現在は全 11 日間）を開始した。現在は、パソコン講座は含めずに別途開講している。当初は、日本マイクロソフト株式会社の企業市民活動（企業の社会的責任）「社会コミュニティ IT スキルプログラム」から資金を得た。同社からは、後述する「めぐカフェ」の改装費も助成を受けている。春と秋の年 2 回、会場は、当初は主にセンター横浜で実施、第 13 期からセンター横浜南で開催している。半数以上の参加者は、何らかの理由で医療機関に通院中の人である。市外の申込者も受け入れているが、無料であるため、市民を優先している。

　講座は、家族や学校、職場等、社会とのかかわりがうまくいかず、様々な理由から自宅にこもりがちになった女性たちが、就労への一歩を踏み出すためのものである。上記のプログラム内容を見るとわかるように、まずは同じような悩みを抱える仲間のなかで安心感や自己肯定感を体験し、再び人とかかわるきっかけや、自分に必要なサポートを見つける機会となっている。

〔事業 2〕社会参加体験ボランティア

　社会参加体験事業は、比較的新しく、平成 25 年度より試行的に実施し、27 年度に本格実施を開始した取組である。後述する就労体験を平成 22 年度に始めたが、講座と就労体験の間にもステップが必要であるとスタッフが感じたために実施を決めた。社会から孤立していた年数が長い、就労経験がない、就労体験ができるほどの体調が整っていない人等は、すぐに決められた日に休みなく通い、サービスを提供する側に立つことには無理がある。人のなかで安心して過ごす経験や、協働作業を行う経験を通して、就労に向け自分を見つめる、あるいは自己肯定感を高める、人とのつながりを増やすことを目的として、まずボランティアを体験する機会を提供するこ

ととした。平成28年度現在では、延べ200名以上がボランティアに参加している。

体験の受け入れには、地域のNPOや中小企業等、現在約10団体が協力している。協会との協働事業等で今までにつながりのある団体のなかから、職員が声をかけて説明し、依頼している。ボランティアの内容は、リサイクルきもの値札づけ作業やイベントの手伝い、調査事務サポート等、受け入れ団体とボランティア参加者が話し合って決める。ボランティア参加者は、毎回振り返りシートに記入し、スタッフはそれを確認したり、受け入れ先からの話を聞いて、参加者の状況を把握している。

［事業3］めぐカフェ就労体験

講座を修了しても、修了生がすぐに一般的な就職活動に向かうケースは少ない。その前の準備段階として、社会参加のためのソーシャルスキルを身につける場の提供が必要であると考え、平成22年度から、センター横浜南にもともとあった飲食コーナーを改装し、女性の就労体験の場「めぐカフェ」をオープンした。「就労に向けて本格的に準備を始めたい」「心身の調子が整ってきたので働く現場を体験したい」といった段階の女性が対象となる。オープン当初は週2日、現在は週4日（火・水・木・金11：30 － 16：00）営業している。就労体験担当職員と調理の責任者が、調理や接客の指導とともに、実習生の状況に目配りする。体験の内容は、次の2つのステップに分けられている。両ステップともに1回3時間、週2日程度。年間の受け入れ人数は、ステップ1は8人程度、ステップ2は4人程度である。

ステップ1（10日間・無給）

　　時間を守る、あいさつ、声を出す、身だしなみ等のソーシャルスキルトレーニング、野菜販売体験、カフェ現場に入る体験

ステップ2（20日間・訓練手当つき）

　　調理補助、接客、レジ、ブログ更新等、人と相談しながら働くトレーニング

「ガールズ編 しごと準備講座」の修了が申し込みの前提となっており、応募の際にはレポートと履歴書を提出する。主治医がいる場合は、同意を得られていることが条件である。ステップ2の手当（1回2,000円）は、特定寄附を募り、資金を集めるとともに市民の理解促進を図っている。ちなみに、古本募金では1年で10万円程度の寄附が集まる。

就労体験は、若者の就労支援の専門機関であるよこはま若者サポートステーション[6]（以下「サポステ」という）と連携して行う。就労体験を行う実習生は、必ず事前にサポステの相談員の個別相談を受ける。相談員が、本人の了解のもとに作成する支援計画書は、センターの担当者と共有される。就労体験中もサポステの個別相談を並行して利用し、毎回、実習日誌をつける。そし

6　「地域若者サポートステーション」は、働くことに悩みを抱えている15歳〜39歳までの若者に対し、臨床心理士、キャリアコンサルタント等による専門的な相談、コミュニケーション訓練等によるステップアップ、協力企業への就労体験等により、就労に向けた支援を行う機関。厚生労働省が委託した全国の若者支援の実績やノウハウのあるNPO法人、株式会社等が実施している。「よこはま若者サポートステーション」は、特定非営利活動法人ユースポート横濱が受託している。

て1つのステップが修了すると、センターの職員とサポステの相談員およびコーディネーターでケース検討会議を開き、一人ひとりのサポートと実習状況についてアセスメントを行い、今後の対応を考えている。このように、個々の実習生の状況に応じたきめ細かな支援を行っている。

修了生が描いた「めぐカフェ」ロゴのある入口

就労体験を行う「めぐカフェ」

〔事業4〕いちごの会

平成24年9月からは、ガールズ講座修了生および受講検討中の当事者向けのサポートグループ「ガールズ『いちご』の会」も開催している。現在は年3回程度開催している。毎回、職員が1名以上同席し、センターとつながりのある地域の支援者たちとのごはんづくりや手芸等を楽しむ機会となっている。

〔事業5〕ガールズメルマガ

平成21年6月より専用サイト「ガールズサポート」を開設した。講座修了者向けには、情報提供を行う「ガールズメルマガ」を配信し、ここから社会参加体験等の情報を流している。ツイッターの専用アカウントも持っている。

支援の成果や波及効果

講座実施を開始して5年目の平成25年度に、それまでの事業の有効性を検証し、修了生の現状を把握して今後の事業に役立てるため、講座や就労体験の修了生に対する追跡調査を実施した[7]。

その結果、修了後に「支援機関に相談に行った」人は71％、「ハローワークに行った」人は44％、また「一度でも収入のある仕事をした」人は61％であり、修了後も社会とつながりを持ちながら就労にかかわる活動を続けている様子がうかがえる。一方で、「一度でも収入のある仕

---

[7] 「ガールズ編しごと準備講座」第1〜8期修了生（平成21〜24年度までの受講者）157名およびこれに含まれない「めぐカフェ」修了体験修了者6名の計163名を対象とした。回答率39.7％。調査結果の詳細は、(公財)横浜市男女共同参画推進協会『ガールズ講座＆「めぐカフェ」就労体験追跡調査報告書』2014年3月 参照。
http://www.women.city.yokohama.jp/admin/pub/content-attached/id/5881/girls_tsuisekichosa

事をした」人の雇用形態（複数回答可）は、「アルバイト」74％、「派遣」21％、「障害者雇用」13％で、「正社員」は5％のみであった。

　評価基準の1つとして、就労人数の把握も必要ではあるが、就労人数だけではなく、講座受講生の受講前後の変容等を測る評価方法が必要であると担当者は感じている。医療機関に通院中である等、すぐには就労につながらない女性も講座参加者として受け入れており、就労人数等、数量では測れない成果・効果が大きいからである。また、追跡調査では、再びひきこもりがちになってしまった修了生が一定程度いることもわかったため、修了後のフォローアップの事業や、修了生同士がつながれる場についても、さらに検討していく必要があると捉えている。

　アンケート調査の自由記述からは、「どうすればお互い気持ちよく働けるか、接し方や話し方の実践の場になった。失敗したり、体調の悪い時の気持ちの整え方等も体験できた」「就労体験では働くことの楽しさ、お金をもらうこと喜びを感じることができた。そこから若者サポートステーションにつながり、今の仕事へとつながった」「自分がだめなのではなく、女性が経済的に自立できない社会なのだとわかった。自分を過剰に責めなくなった」等、事業のねらいが果たされ、取組が一人ひとりの女性が一歩進むための力になっていることがうかがえる。

　神奈川新聞等のメディアには、記者が一人ひとりの修了生を取材して、行動や心の変化を追った記事が何度も取り上げられている[8]。これらの取組の詳細の取材と掲載もまた、修了者一人ひとりへの取組の質的な成果を社会へ発信する重要な手立てとなっていると考えられる。担当者は、節目ごとにメディアへの発信を心がけ、取材を依頼している。

次の課題を掘り起こして調査、事業化するしくみ

　男女共同参画の推進に携わる地方公共団体や男女共同参画センターの職員にとっては、地域や社会の現状を把握して課題を見つけたり、多様化する女性のニーズを捉えて、必要とされる事業を実施することは重要である。協会では、協会本部の事業企画課が、課題を見極めて調査を行い、プログラムとして事業化することを行っている。

　「ガールズ編 しごと準備講座」の実施にあたっては、若年無業女性を対象とした事業の必要性を認識し、平成20年度に、他機関の協力を仰ぎ、内閣府、企業、横浜市、若者支援NPO、および協会職員2名の計7名で構成される「若年女性無業者の自立支援に向けた生活状況調査検討会」を立ち上げ、15歳以上35歳未満の学校や職場に属していない独身女性を対象とした調査を実施した[9]。そしてこの調査結果を踏まえ、翌年より講座を実施した。

　現在、協会が次の課題として事業化を試みている対象は、「非正規シングル女性」である。生活困難な状況にある層のうち、支援が不十分で、かつ経済社会の変化に伴ってニーズが高くなっ

---

8 例えば、「あすに向かって 自立支援の『ガールズ講座』1〜6」神奈川新聞 平成25年1月1日、3〜7日、「論説特報 社会参加体験事業本格実施1年」神奈川新聞 平成28年5月17日。

9 調査結果は、（財）横浜市男女共同参画推進協会2009『若年女性無業者の自立支援に向けた生活状況調査報告書』参照。http://www.women.city.yokohama.jp/girls/tyousa_houkoku.pdf参照。http://www.women.city.yokohama.jp/admin/pub/content-attached/id/5881/girls_tsuisekichosa

ていると思われる対象として、支援を行っていくこととした。平成27年度には、一般財団法人大阪市男女共同参画のまち創生協会および公立大学法人福岡女子大学の教員に呼びかけ、その他の外部委員を含む「非正規シングル女性支援プログラム開発検討会」を立ち上げ、調査結果をまとめた[10]。平成28年度には、非正規職で働くシングル女性を対象とした第1回目の講座「仕事とくらしのセーフティ講座～シングル＆アラフォーのあなたに」（全3回、定員20名）を実施した。

このような循環を組織のしくみとしてつくっていることが、男女共同参画推進に向けて社会に求められる支援を展開していくことにつながっている。

❸ 女性の起業をきめ細かく支援し、だれもが暮らしやすい地域づくりを広げる
もりおか女性センターの取組

取組の概要

「特定非営利活動法人参画プランニング・いわて」（以下「参画プランニング・いわて」という）が指定管理者として運営するもりおか女性センター（以下「センター」という）では、センター内に「起業応援ルーム芽でるネット」（以下「芽でるネット」という）を開設し、女性の起業をきめ細かく支援している。平成19年度以降、起業の基礎を学ぶ入門編や実践編、ITを活用した事業展開の支援、パソコン講座等、年間を通して講座を実施している。東日本大震災後には、復興支援の一環として、宮古市にも出向いて講座を開講した。センターのフェスティバルでは、起業した女性が出店したり、起業者同士で交流したりする機会を提供している。男女共同参画推進の拠点において起業を学んだ女性たちは、男女共同参画や多様性に寛容な視点を重視した、だれもが暮らしやすい地域づくりに寄与している。

もりおか女性センターの起業支援の概要

センターは、平成12年に開館し、平成18年度より、女性センターの設立に向けた活動を行ってきた女性たちで立ち上げた参画プランニング・いわてが指定管理者となり管理運営している。平成22年に、盛岡市がセンター内に芽でるネットを開設した。

---

10 調査結果は、（公財）横浜市男女共同参画推進協会『非正規職シングル女性の社会的支援に向けてニーズ調査報告書』参照。
http://www.women.city.yokohama.jp/chousa/hiseiki_zenntai.pdf

センターでは、第1回の起業支援講座を平成19年度に実施し、以降、女性の起業支援を続けている。初回の平成19年度は、担当者が実家が農家を営んでいたこともあり、「食分野での起業をめざす人」を対象に、「夢をかたちにする講座—食からはじめるわたしの仕事—」およびフォローアップ講座を実施した。平成22年度までは、農業分野での起業希望者に対象を絞った講座をたびたび実施している。だが平成20年度には、農業分野と服飾の分野の2人が事例報告する「女性のための起業講座ホップ（入門）編」、ステップ編およびジャンプ編、飲食店経営者（平成19年度講座修了生）が事例報告する「女性起業芽でる塾〜1日入門編〜」、子育て支援および農業分野の事例発表を含む「起業応援フォーラム〜わたし流ビジネスのつくり方・続け方〜」など、起業分野を限らない講座も実施している。農業分野をあまり含めない近年の男女共同参画センターの起業支援と比べると、当センターの講座は、農業分野に絞る、あるいは事例に含めるという点で特徴的といえる。

平成25・26年度には、（特活）オックスファム・ジャパンの助成を受け、復興支援の一環として、宮古市でも「女性起業芽でる塾in宮古 入門編」および「実践編」「IT活用講座」を実施した。

平成28年度にセンターにて開催した起業支援の講座は以下のとおりである。

「女性起業芽でる塾入門編」（7月2日（土）、13:00-16:00）

「女性起業芽でる塾 実践編」（7/16（土）、17（日）、両日13:00-16:00）

「お店の魅力を画像を使って発信！」（8/28（日）、10：00-12：30）

「ネットショップ開店準備講座」（9/17日（土）、18（日）、両日10:30-15:30）

「女性起業芽でる塾フォローアップ講座」（11/19（土）、20（日）両日10:30-15-30）

なお、この他、少人数（定員4名）でのワードやエクセルの入門講座は、複数回実施している。

このうち、「女性起業芽でる塾入門編」および「女性起業芽でる塾 実践編」のプログラムの内容は、次のようなものである。

平成28年度「女性起業芽でる塾 入門編」プログラム

	時　間	内　容
7月2日（土）	13:00-16:00	講演（事例発表） グループワーク

平成28年度「女性起業芽でる塾 実践編」プログラム

	時　間	内　容
7月16日（土）	13:00-16:00	起業に関する基礎知識と心構え 事例発表
7月17日（日）	13:00-16:00	私の仕事を考えましょう 　お客様はだれ？　売り物はなに？　事業ユニット方式について 明日からの行動計画

入門編・実践編の講座は、ロールモデルによる事例の提供、職員をファシリテーターとするグループワーク（気持ちの整理、経験の棚卸し等）、ノウハウの提供等から構成される。講座修了後も講座を担当した起業の専門家が継続的に相談にのっているため、講座自体は、具体的な起業のノウハウよりも、計画づくりを通した話し合い等に力点がおかれている。起業した修了生は、講座で事例報告をしたり、センターのイベントに出店する等の循環も生まれている。事業開始以来、47名（平成29年1月現在）が起業している。

以下では、センターの起業講座を修了して起業した女性の事例を1つ取り上げ、センターやセンター職員がかかわることが、起業とその後の活動の継続にどのように影響を与えているかを示す。

「女性起業芽でる塾　実践編」の様子

だれもが暮らしやすい地域に向けて：起業講座修了生の事例

宮古市に住む古舘富士子さんは、自宅の農地でハーブを栽培し、「潮風のハーブ園」を営んでいる。収穫した無農薬ハーブを地下水で洗って天日干しし、ハーブティーに加工した商品を販売する他、ハーブ園では、せっけんやアロマキャンドル等、ハーブを使った作品づくりを通した交流の場も提供している。

代々続く農家に嫁ぎ、とうもろこしを栽培する義母を手伝いながら訪問ヘルパーの仕事をし、3人の子供を育ててきた。約20年前、ハーブに関心を持つようになり講座等で学び、農地の一部で栽培を始めた。平成16年からは道の駅等で小規模の販売はしていたが、収入源としての訪問ヘルパーの仕事が第一であり、売り上げを伸ばす気はなかった。

古舘さんが起業した大きなきっかけは、東日本大震災で夫を亡くし、何代も守られてきた農地を守りたいと思ったことである。旧知の普及指導員に相談すると、一般社団法人さんりく未来推進センター[11]の職員を紹介してくれた。そしてその職員からファックスで送られてきた、女性センターが宮古で開催する起業講座のちらしを見て、すぐに受講を決めて参加した。講座では、知識として得たことだけでなく、スタッフや講師、参加者と交流したことが、起業に向けての大きな後押しになった。持参したハーブティーを皆で飲んで助言をもらったり、ホームヘルパーの経験とハーブを使った起業のつながりについての気づきがあったりして勇気づけられた。受講した約1か月後には補助金を申請し、翌年1月に開業、潮風のハーブを商標登録した。県の助成金でビニールハウスや乾燥台を購入し、農地のほとんどを使ってハーブ栽培を始めた。

11　三陸沿岸の被災地を中心とした起業支援を目的として、平成25年5月に設立された。

II-2 「働く」に至るプロセスをきめ細かく支え、女性の力を地域で活かす

　起業して初めての冬、販路のこと等で不安になり、起業も失敗だったと思い込み、精神的に大きく落ち込んだ。そこから回復していったのは、子供たちと義母が支え、応援してくれたことが大きかった。病院で薬を処方してもらうと眠れるようになり、春がきて土にふれることができるようになって気分も良くなっていった。さんりく未来推進センターの起業仲間やセンターのスタッフも気にかけて訪れてくれた。

　その後は、いろいろな人から声がかかるようになって販路も広がり、宮古市や盛岡市の大きなホテルでもハーブティーが使用されるようになっている。一方で、ハーブを活用した「癒しの場」にも力を注ぎたいと考えている。平成 27 年には、敷地内に、さんりく未来推進センターを通じた起業仲間である大工に、立ち寄ってお茶を飲むこともできるような「作業場」を建ててもらった。そこには、他地域の農協の女性や障害者、被災者等、様々な人が集まっている。長年の訪問ヘルパーとしての経験も活かし、障害者と小学生の交流会の開催等、地域の人と人をつなぐ活動も広げている。

岩手県立宮古恵風支援学校 体験学習の子供たちと古舘さん

男女共同参画推進の拠点における女性の起業支援

　平成 25・26 年度の宮古市での起業講座を助成した（特活）オックスファム・ジャパンは、事業の評価報告書において、女性の起業の決定要因について分析している（（特活）オックスファム・ジャパン 2014: 9）。その結果として、講座を受講して起業に至った女性に共通する要件として、以下の 4 点を挙げている。

　①明確な目的意識がある（個人的資質）
　②自己決定し、行動に移す能力がある（個人的資質）
　③ケア労働を一人で背負っている状態ではない（置かれた環境）
　④自らが行政窓口や相談窓口の門をたたき、社会資源を使いこなしている（社会資源へのアクセス）

　本章の冒頭において述べたように、女性の経済的エンパワーメントに向けての支援は、単に経済的な成功やスキルの向上といった要素だけでなく、多面的に現状を捉えて支援していく必要がある。上記 4 つの要件は、女性が直面する状況をそのように捉えたうえで、起業者の資質や環境を挙げたものといえる。男女共同参画センターでは、多くの女性がこれらの要件を簡単には満たせない状況にあることを前提に、これらの要件を満たすための支援を行う必要があることを示唆している。

古舘さんの事例を参考に、センターの起業支援をこれらの要件を踏まえた視点で捉えると、いくつかの工夫（ポイント）があることがわかる。まず講座では、個人ワークやグループワークの際に、入門編では、自分自身の気持ちの整理や棚卸しを、実践編では、なぜ起業をしたいのか（本音のWHY）、事業に取り組む動機・目的を考えることにゆっくりと時間をかける。男女共同参画センターの起業講座には、これらが整理されておらず、漠然としている女性が多く参加している。自分の置かれた現状を把握し、起業したいと思う動機を深掘りして考えることは、自身の日常の男女共同参画にかかわる課題に気づくことにもつながると考えらえる。

その他の工夫としては、講座や講座修了後に、様々な形で、多様な分野において起業した女性や修了生同士が交流し、学び合う機会をつくっていることが挙げられる。例えば、講座のグループワークや事例学習では、自分の置かれた状況や起業の動機等を共有する。センターの担当者によると、多くの女性は、話し合いを通して、子育てや介護等の生活上の経験や課題、起業に向けての壁とその乗り越え方等を共有し、気づきや学びを得ることができているという。

このようなプロセスを経て起業を目指す女性たちは、自分たちの直面している課題を男女共同参画の視点で捉え、起業に向けた活動に、その視点を活かしていくことができる。結果として、様々な人が暮らしやすい地域づくりにつながっていくと考えらえる。

女性が起業するうえで直面する課題は、起業すると解決するわけではない。つまり、上述の要件が満たされる状況が維持できていなければ、起業した事業が継続できなくなる可能性がある。センターの職員が、講座修了生が起業した後も事業がうまく維持できるように、長期的視野を持って見守っていることも、重要な工夫の1つであるといえる。

【参考文献】

・ 中小企業庁編, 2014 ,『中小企業白書　2014年版』.
・ （特活）オックスファム・ジャパン, 2014,『オックスファム・ジャパンによる女性の起業支援事業の評価報告書』. http://oxfam.jp/media/1_evaluation_report_kigyo.pdf
・ 内閣府男女共同参画局編, 2016 ,『男女共同参画白書（平成28年版）』.

育児休業期間を使ったビジネス能力開発プログラム
育休プチ MBA の取組

博士（経営学）／静岡県立大学講師／株式会社ワークシフト研究所所長／育休プチ MBA 代表

国保　祥子

育休プチ MBA とは

　育児休業を取得して復職する従業員（以下「育休者」という）を対象に、休業期間を復職後に必要な能力開発を行うことで、スムーズな現場復職を果たすことを支援するための勉強会です。"子供を持ちながら働く"が本人・家族・企業にとって当たり前になる社会の実現」を運営理念とし、筆者が監修、育休者のボランティアが運営を行っています。学位は出ませんが、ビジネススクールやロースクールで導入されているケースメソッド教育を採用しており、参加者による「ラーニング・コミュニティ」でのディスカッションを通じて思考トレーニングをします。ケースでは労働時間や場所に制約を抱えることとなった人材（以下「制約人材」という）が陥りがちな課題や問題を扱っており、会社目線でその解決策を考える訓練をすることで、制約があっても組織に必要とされる人になることを目指しています。

「育休プチ MBA」の様子

プログラム開発の背景

　筆者は企業での勤務経験の後に、慶應ビジネススクールで MBA と Ph.D. を取得しています。在学中より、管理職、若手リーダー層、そして経営者を対象とした経営教育に携わってきました。2014 年の自らの育休中に知り合った女性から受けた「育休中に経営学を学びたい」という相談をきっかけに、それまでに培った経営教育の知識と経験をベースに、女性向けの経営能力開発プログラムを構築して育休プチ MBA を始めました。育休を使った学習機会は、人材育成の現場で抱えていた次の問題への解決策にもなると考えています。

　①「女性の教育機会、特に経営教育機会の欠如」という問題

　　リーダー向け研修、管理職研修の対象は主に男性です。実際に人事担当者に伺う

と、女性には声をかけても断られる、あるいは候補者がいないという声がありました。女性が能力開発の機会から漏れているこの状況はもったいないと筆者は考えています。

② 「人材育成上の課題」

経営者目線での意思決定や経営参画意識の醸成等、意識変革を目的とする教育は、時間を要します。しかし複数回、定期的に集合して受けるスタイルの研修は現場から敬遠されがちで、必要性は認識されつつも、一般的な企業の人材育成のプログラムとしては導入が難しくなっています。

③ 「育休者の課題」

育休者が権利主張型のコミュニケーションをすることは珍しくないのですが、これは権利を主張したいというより、単に自分本位のコミュニケーション方法しか知らないからです。①にもつながりますが、会社目線でのコミュニケーションをまったく学んだ機会がないことが原因であることが多いのです。

そこで、育休中の女性が通えるように、満1歳児未満の赤ちゃん連れで参加できる学習環境を用意して、会社目線の思考を学ぶためのプログラムとして「育休プチMBA」を開発しました。この学習機会は、育児休業期間を能力開発期間に転換するため、女性が出産でキャリアを犠牲にする可能性がなくなります。また、社内だけでは不足になりがちなキャリアと育児を両立するロールモデルと出会ったり、仕事や育児の課題を相談したりするためのコミュニティも運営しています。

育休プチMBAと株式会社ワークシフト研究所

育休プチMBAでは使用するケースの開発、プログラムの構成、ファシリテーターのトレーニングは筆者が監修していますが、運営は育休者がボランティアで担っています。運営業務は、業務を必ず2人体制にして子供の発熱等の突発事案に備える等、制約を抱えながら成果を出す働き方のシミュレーションの場にもなっています。育休プチMBAの理念をさらに発展させるため、また法人からのニーズに対応するために、2015年に株式会社ワークシフト研究所を設立しました。現在、育休プチMBAは株式会社ワークシフト研究所の非営利部門として位置づけています。

「育休プチ MBA」から得られた知見

育休プチ MBA の活動を通じて、女性の職場環境に関して次のような知見が得られました。

(1) 女性の継続就業上の課題には、両立・活躍支援制度が対策となる

日本での女性管理職比率は 1 割程度となっています。この背景として、女性は昇進する前に出産で離職してしまうために対象者がいない、より多くの責任を負うことを本人が希望しない、という現象があります。最近では、出産後の女性が就労意欲の低い状態で組織にとどまる「ぶら下がり化」も問題になっています。

これらの原因を「女性は意識が低い」「女性は子供を持つと仕事への意欲を失う」等、女性の意識の問題とする人は多いのですが、厚生労働省大臣官房統計情報部「第 1 回 21 世紀成年者縦断調査の概況」の正社員女性を対象にした調査では、出産前の女性で就業継続意欲がある人が 49%であるのに対し、出産後の女性は 84%と、子供のいる女性の方が就業意欲はあることがわかっています。男女雇用機会均等法、育児休業制度、短時間勤務制度等、女性が育児をしながらも仕事に取り組みやすい制度は整ってきました。両立するための制度が整い、意欲が高いにもかかわらず、なぜ出産後の女性の離職やぶら下がり化が起こるのでしょうか。

実は、育休制度が整った現在でも、約 5 割の女性が出産を機に離職しています（国立社会保障・人口問題研究所「第 15 回出生動向基本調査」より）。育休から復職する女性にとって最大の課題は、育休期間以上に、時間的・地理的に制約のない人材を前提とした職場の働き方とその結果としての長時間労働にあります。小さい子供がいると、18 時〜 21 時の時間帯に育児・家事が集中します。独身時代は残業を厭わず働いていた女性でも、育児を実家や他のサービスに任せでもしない限り、子供ができると残業ができなくなります。また幼い子供は頻繁に熱を出すため、看病のために急遽欠勤せざるを得ない日も増えます。せめて深夜や早朝、自宅での業務等、柔軟な働き方ができる状況であればカバーできるのですが、そうでなければ、産前と同じパフォーマンスを維持することは難しくなります。女性本人も突発的なリスクのある状態では業務を完遂することに不安を抱くため、それならば最初から責任を負わずにいようと考えます。こうした業務責任に対する消極的な態度は、まわりに「やる気がない」「意識が低い」と受け取られます。また、多くの女性は育休から復職する際に時短制度を利用しますが、時短制度利用者とフルタイム勤務者との業務配分や評価、情報共有の方法といった管理上のノウハウはまだまだ確立されているとはい

えません。

　こうした理由から、管理者は責任範囲の小さい業務を復職後の女性に割り当てる傾向があります。しかし責任の少ない業務は達成感や成長の機会に乏しく、高い評価を得ることもありません。成長の機会を逃し、適切な知識やスキルを獲得できないまま年齢を重ねてしまうと、挑戦的な業務を与えられる可能性はさらに下がっていきます。こうした現実に直面した女性は、自らの就労意欲を下方修正することで状況に適応しようとします。そうして本格的に意欲を失い、必要最低限の業務だけをこなす「ぶら下がり」になっていきます。残業が前提の職場環境では、女性は制約を抱えない、すなわち子供を持たないとでも決めない限り、昇進のような大きな責任を受け入れることに前向きになれません。

　そこで、能力とやる気はありつつも制約を抱えた人材を組織で活かすためには、時間的な制約を抱えながらでも働きやすい職場環境の整備（両立支援）と、成長につながる経験ができる機会の提供（活躍支援）が必要です。具体的には、在宅勤務制度等の職場環境を整えることや、やむを得ない欠勤が業務に影響を与えない体制やルールの整備、個人ではなくチームで成果を出す働き方に移行すること等が挙げられます。

(2) 能力開発が組織への貢献意欲を醸成する

　あたり前のように昇進を目指す男性と比べ、昇進をあたり前と捉えていない女性は上司や経営者が何を考えているかを学習する機会が少なく、上司の目線や業務を理解する思考が欠落しがちです。その結果、組織全体にとって何が必要かを考えず、目の前の仕事に注力する局所最適思考や、組織の便益より個人の便益を優先する権利主張型思考に陥りやすくなります。女性に昇進の機会を与えない職場とは、権利主張型の女性を量産する職場であるともいえるでしょう。

　育休プチMBAでは、制約人材がいる経営現場で起こりがちな問題事例を題材としたケースについて、経営者の目線で対処方法をディスカッションします。例えばあるケースでは、時短女性社員が退社したあとに担当顧客がクレームで来店し、フォローした同僚が不満を募らせるという経営課題を扱い、女性目線だけでなく、会社は彼女にどうふるまってほしいのかを考えます。参加回数を重ねてこうしたトレーニングを積んだ女性ほど、自分目線だけでなく、自分の上司や経営者から課題はどう見えるのかというように組織全体を俯瞰できるようになっていきます。そして自分は組織の目標達成にどのように貢献できるかを経営者目線で考えるようになり、それができるようになると貢献したいという意欲も高まっていくのです。

　このようにマネジメント思考を身につけるためのトレーニングをすることで、参加者の9割が所属企業への貢献意欲を高めているというアンケート調査結果が得られています（グラフ参照）。また、両立するための考え方を身につけることで、復職後も就労意欲を維持できることもわかりました。育休プチMBAに参加して復職した女性たちからは「育休前よりも成果が出しやすくなった」「新しい業務にチャレンジすることにした」「上司のメッセージが理解できるようになった」または「昇進した」という報告が挙がっています。つまり、能力開発投資をすることで、女性たちは〝権利主張者〟から〝組織貢献者〟に変わっていくのです。

学習によって高まる企業への貢献意欲

学習によって就労意欲は高まったか？　　学習によって昇進意欲は高まったか？

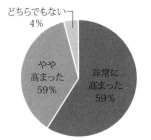

株式会社ワークシフト研究所が監修する『「育休プチMBA勉強会」2014年度報告書』より、参加者アンケート

(3) 無限定性を前提とした管理体制から脱却する

　女性の就業継続を妨げる大きな理由は、日本の企業に特徴的な職能資格制度と正社員の無限定性であると筒井淳也『仕事と家族―日本はなぜ働きづらく、産みにくいのか』（中央公論新社　2015）は指摘しています。筒井氏によると、日本の正社員は比較的高い賃金と長期雇用と引き換えに、職務内容の無限定性、勤務地の無限定性、労働時間の無限定性の3つの「無限定性」を受け入れています。こうした働く内容・働く場所・働く時間については会社の言う通りにするという働き方は、長時間労働や家庭の事情を考慮しない転勤も受け入れることが必然となり、家事育児を専業主婦の妻にすべて任せることができる男性はともかく、子育てと両立しながら働こうとする女性にはフィットしません。皮肉なことに、これまでの両立支援施策と税・社会保障制度は、「女性を従来の男性の働き方に近づける」ものであり、この条件をのんだ女性であれば会社という組織のメンバーにしてあげましょう、というものでした。しかし子育てや介護といった家庭の事情で残業ができない制約人材は、この無限定性という前提を共有しない（できない）人材ということになります。

　現在、この無限定性という前提のもとでの企業マネジメントは、限界を迎えつつありま

す。将来、日本は確実に人口が減り、同時に少子高齢化がさらに進むため、同質性が高く長時間労働を厭わない労働力を大量に手に入れることは難しくなります。働く時間や場所に制約を抱える人材を活用しない限り、企業活動自体が危うくなるのです。そこで労働時間の長短による管理や評価をやめ、生産性の高い業務遂行体制や、限られた時間のなかでのパフォーマンスを最大化するような管理方法に移行する必要があります。これは育児中の女性に限った話ではなく、すべての従業員が対象となります。長時間労働をやめることで、昨今問題化している従業員のメンタルヘルス改善にもつながりますし、空いた時間で大学院に通うといった従業員の自主的な能力開発の機会も増え、新たな価値の創造も期待できるでしょう。社外労働市場価値の高い人材ほど働きやすい企業を選択するようになるので、育児中の女性をはじめとする制約人材が活躍できる職場環境を整備し、教育投資をすることは、人口不足社会の生存戦略になるといえるでしょう。

育休プチ MBA の広がり

立ち上げ以来、主に SNS を通じて参加者の口コミだけで毎月 50 名の定員が毎回満席となっています。2016 年 12 月から翌年 2 月まで、3 回（月 1 回）静岡県からの委託を受け、東京以外の地域でも育休プチ MBA を開催することとなりましたが、初回開催日の 1 か月以上前に約 120 席が完売しました。当初の予想を上回る反響に、募集中に定員を急きょ増員したほどです。地方でも、育休中の女性は「継続就業」のため、学びと共に支えあう仲間を求めていることがわかりました。他にも上場企業からベンチャー企業、中央省庁から自治体まで多くの組織からご相談をいただき、各種の研修を開催しています。人材開発は学習後すぐに効果が出るものではありませんが、インタビュー調査によって復職した学習者の意識の変化は確認しています。学習者は復職後も様々な課題や困難に直面していますが、中長期的な視野や全体最適思考によって克服しているようです。教育による意識変革と働きやすい職場環境の整備を通じて、無限定性を前提としなくとも組織に貢献できる人材を社会に増やしていきたいと考えています。

第Ⅱ部 第3章 農業・漁業に携わる女性の活動を推進し、地域活性化につなげる

地域活性化や農林水産業の振興、6次産業化の進展に向けて、農林水産分野における女性の活躍推進は重点課題となっている。農林水産業に特に力を入れる地域では、各々に工夫した起業等の女性支援を行っている。一方、農村女性と漁村女性では、その産業や関連する組織の成り立ち等を背景として、現状が異なっており、活躍に向けた課題は漁業女性のほうが多いのが現状であるといえる。

本章では、農業および漁業に携わる女性の活動とその支援の現状を概観し、漁村女性を含めた女性支援の取組事例を取り上げる。

農業に携わる女性の現状

農業分野においては、女性は農業就業人口の約半数を占めており、女性の基幹的従事者のいる経営体は販売金額が大きく、経営の多角化に取り組む割合が高い等、農業の担い手として重要な役割を担っている。しかしながら、農業委員や農業協同組合の役員に占める女性の割合は1割に満たず、政策・方針決定過程への女性の参画は進んでいない現状がある[1]。

第4次男女共同参画基本計画では、「第4分野 地域・農山漁村、環境分野における男女共同参画の推進」において、「農山漁村における政策・方針決定過程への女性の参画拡大」および「農山漁村における女性が働きやすい環境の整備、意識と行動の変革」についての施策の基本的方向が示されている。また、これらにかかわる成果目標としては、①「家族経営協定の締結数」（平成25年度54,190件→平成32年度70,000件）、②「農業委員に占める女性の割合」（女性委員が登用されていない組織数 平成25年度644→平成32年度0、農業委員に占める女性の割合 平成25年度6.3%→平成32年度10%（早期）、さらに30%を目指す）、③「農業協同組合の役員に占める女性の割合」（女性役員が登用されていない組織数 平成25年度213→平成32年度0、役員に占める女性の割合 平成25年度6.1%→平成32年度10%（早期）、さらに15%を目指す）の3項目が挙げられている。

これらの成果目標の項目からもわかるように、農山漁村の女性の活躍支援は、農業分野が中心となっているのが現状である。「農業女子プロジェクト」[2]を含めた「輝く女性農業経営者育成事業」

---

1 農林水産省経営局就農・女性課女性活躍推進室「農林水産業における女性の活躍推進について」（平成28年1月）。
http://www.maff.go.jp/j/keiei/pdf/meguji_2801.pdf
2 農林水産省「農業女子プロジェクト」ホームページ参照。http://nougyoujoshi.jp/

（農林水産省）等を通して、若年女性の就農や企業との連携による商品化・情報発信や、次世代リーダーの育成、女性農業者のネットワーク強化等が実施されているところである。

　女性の起業を支援する施策としても、農村女性の支援の変遷は比較的長い。平成4年の「農山漁村の女性に関する中・長期ビジョン懇談会報告」で「農村女性起業」ということばが初めて使われている（齋藤 2010）。家族経営協定の締結の推進とともに、加工技術の習得支援が進められ、直売所および道の駅という加工品販売の場所が広がるとともに、女性の起業活動は増加していった。平成24年度の調査によると、女性農業者の7割が農業経営の方針決定に関与していると回答し、5割弱が経営者であると認識している。平成24年度の起業活動数を平成14年度と比べると、1.2倍に増加している一方、売上金額が300万円未満である経営体が約半数を占めており、経営面では課題がうかがえる[3]。

漁業に携わる女性の現状

　漁村女性のこれまでの活動の経緯や現状は、広がりを見せる農村女性の起業活動や経営への関与の状況とは少し異なっている。従来、女性は陸での作業や販売等にはかかわってきたものの、漁村における意思決定過程にはほとんど参画してこなかった。また、海上作業労働に従事する多くは男性であるため、見えない存在とされてきた経緯がある。その要因としては、漁業者の代表的組織である漁業協同組合の正組合員が、漁獲権利と関係しており、1戸に1名の組合員が通常であり、女性が正組合員や漁協の役員とはなっていないことがある（中道編 2008）。

　漁村に住む女性は、漁協の正組合員でなくても、昭和20年以降に各地で貯蓄推進運動をもとに活動を開始した漁協女性部に所属して活動してきた。現在の活動状況は地域によって大きく異なるが、女性の意思決定過程への参画のための活動や、環境保全活動、起業活動等を行う一方、衰退や高齢化が課題となっている。

　現在、国の漁村女性への支援としては、「沿岸漁業リーダー・女性育成支援事業」（平成25～29年度・農林水産省）として、漁村の女性の資質向上のための研修・情報交換、漁獲物の加工・販売や漁村コミュニティにおける様々な活動を支援する事業を実施している。

　本章では、漁業も含めた農林水産分野の女性支援について、山口県と山形県の2つの事例を紹介する。ここに示す2つの事例は、農林水産分野において取り残されがちな漁村女性の支援を含め、きめ細かな取組を行っている。

　山口県は、早くから農山漁村の女性支援を積極的に行い、平成7年には、「農山漁村・女性対策推進室」の前身となる「農村女性・むらおこし推進室」を設置している。家族経営協定の締結や生活改善士の認定等においては、農村だけでなく漁村でも推進している。また、女性起業家のネットワーク形成とその起業家の商品の販売促進のために、商品のブランド認定を行っている点

3　脚注1と同資料。

も特徴的である。

　山形県の取組は、地域のプロジェクトごとの課題を診断したうえで、住民が主体となってワークショップを行って活動方針や内容を議論し、活動を行っていくものである。地域住民の固定的性別役割分担意識が女性の活動の障害になっている場合等には、根本的な課題解決の糸口を住民同士で探る形をとるこの取組は、支援者の力量によっては男女共同参画を推進する大きな可能性を持っているといえるだろう。

　コラムには、農を営む女性のネットワーク形成について、NPO法人田舎のヒロインズの取組を取り上げる。

■1　女性の支援に特化した体制をつくり、統一ブランド認定等、農山漁村女性の活動を支援
山口県農林水産部農山漁村・女性対策推進室の取組

取組の概要

　山口県では、早くから農山漁村の女性支援のための担当室を設置して体制を整備し、様々な取組を展開している。また、行動指針として「山口県農山漁村女性に関する中長期ビジョン」（現在第3次）を策定し、農山漁村女性の地位向上や女性の社会参画に積極的に取り組んでいる。

　農山漁村の女性の起業支援の一環として、「やまぐち農山漁村起業統一ブランド」を創設し、県内の農山漁村女性起業家が、県内産の農林水産資源を原料として加工し、一定の基準を満たしている商品を認定し、統一したブランドシンボルマーク（愛称：やまみちゃん）を貼付して販売している。ブランドの認定基準の1つを「やまぐち農山漁村女性起業ネットワーク」に加入していることとして、女性起業家・起業グループのネットワーク形成を促している。

農山漁村における女性の支援に特化した推進体制

　山口県では、早くから女性に特化した農山漁村の取組を展開している。平成7年に、農林部内に「農村女性・むらおこし推進室」を設置し、同年8月に、山口県農山漁村女性連携会議（以下「連携会議」という）の提言を受け、農林水産業・農山漁村で働き暮らす女性の行動指針となる「山口県農山漁村女性に関する中長期ビジョン」を策定、農山漁村女性の地位向上や女性の社会参画に積極的に取り組んできた。現在は、その第3次の期間にある。平成18年4月には、農林部と水産部が統合され、農林水産部となったことから、農山漁村女性の地位の向上および能力発揮等に関する施策の総合調整を図り、農山漁村女性対策を強力に推進するため、農林水産部内

に「農山漁村・女性対策推進室」を設置した。

連携会議は、昭和63年に、「農山漁村女性の社会参加の促進と地位の向上を図るため、女性の役割開発に必要な知識、技術に関する学習会の助長及び農林漁業に従事する女性団体の相互連携を図る」ことを目的に、設置されている。会議は年2回実施している。中長期ビジョンの策定にあたっては、連携会議において実態調査の実施や検討会を開催し、策定後の啓発・推進のための活動を行っている。加入団体は以下の10団体である（平成28年4月現在）。

山口県農山漁村女性連携会議　構成団体

県JA女性組織協議会
県漁業協同組合女性部
県生活改善実行グループ連絡協議会
県農家生活改善士会
県漁村生活改善士会
県林業研究グループ連絡協議会女性部会
やまぐち女性畜産連合会
県酪農青年女性会議
やまぐち女性農業委員の会
やまぐち農山漁村女性起業ネットワーク

さらに、平成19年度以降は、「女性が輝く農林水産業づくり推進事業」において県内の体制を整え、中長期ビジョンの実現の加速化を図っている。本事業では、県内農林事務所全8地区ごとに農山漁村男女共同参画推進会議等を開催し、地域の実情に応じたビジョン達成に向けた実践計画を作成、また農山漁村女性のつどい等啓発イベントを開催している。

なお、本県における男女共同参画推進のための横断的な庁内連携の体制としては、本部長を知事、本部員を部局長とし、幹事会のもとに関係課が置かれた「男女共同参画推進本部」および「女性活躍推進プロジェクト・チーム」の他に、「男女共同参画推進マトリックス組織」があるのが特徴的である。男女共同参画推進行政に特に関係する部局担当課の主査あるいは課長補佐が、男女共同参画課に兼務または併任職員として配属されるが、農林水産政策課も担当班長が兼務となっている。兼務または併任職員は、男女共同参画審議会にオブザーバーとして参加する他、基本計画推進のための会議の出席や男女共同参画フォーラム開催の際の運営スタッフとしての職務等がある。この体制は、平成12年度から始められている。

農業・漁業それぞれの具体的な指標

「第3次山口県農山漁村女性に関する中長期ビジョン」[4]（平成28～37年度の10年間）は、

---

[4] 「第3次山口県農山漁村女性に関する中長期ビジョン」については、http://www.pref.yamaguchi.lg.jp/cms/a17100/3womanvision/3vision.html　参照。

平成7年策定の中長期ビジョン、平成18年策定の第2次中長期ビジョンに続くものであり、新たな農山漁村女性の目指そうとする姿を示している。目指そうとする方向として、①意識を「行動」や「かたち」にして、更なる能力発揮を進めよう、②女性も経営に参画し、魅力ある農林水産業をつくっていこう、③むらとまちが支え合い持続可能なむらの暮らしをつくっていこう、④女性の活動を支える体制づくりを進めていこうの4点を挙げ、それぞれに具体的な「アクションシナリオ」を示している。

また、この第3次中長期ビジョンでは、具体的な数値目標を農業と漁業それぞれに「農山漁村男女のパートナーシップ指標」として示している。例えば、家族経営協定については、農家だけでなく漁家についても締結を推進し、目標値を定めている（平成32年目標文書締結数：農家500件、漁家80件。平成27年3月31日現在、農家330件、漁家54件）。

また、県独自に地域の活動を中心的に行う女性リーダーに対して「農家生活改善士」および「漁村生活改善士」の認定を行い、さらなる資質向上を目指し、研修会等を実施している。農家生活改善士は昭和62年に、漁村生活改善士は平成2年に発足した知事認定の制度であり、農家の認定者数168人、漁村の認定者数28人を平成32年の目標値としている（平成27年度 農家143人、漁村26人）。

「やまぐち農山漁村女性起業統一ブランド」認定とネットワーク形成

県内の農山漁村女性起業家が、県内産の農林水産資源を原料として加工し、一定の基準を満たしていると認められた商品は、統一したブランドシンボルマーク（愛称：やまみちゃん）を貼付して販売している。この「やまぐち農山漁村女性起業統一ブランド」認定は、平成16年度に初めて37商品を認定して以来、毎年ブランド認定審査会を開催し、平成28年4月現在のブランド認定品は304商品にのぼる。

ブランドの認定を受けるには、「やまぐち農山漁村女性起業ネットワーク」に加入していることを条件の1つとしており、これによって、女性起業家・起業グループのネットワーク形成を促している。このネットワークは、平成16年9月に、県内の農山漁村女性起業が個々の活動の枠を超えて広域的に連携し、お互いの知恵を出し合い、情報の交換や発信を進め、課題を解決していくことを目的として発足したもので、「やまみちゃん」ブランドの運営・管理も行っている。

ブランドシンボルマーク「やまみちゃん」と認定品のあじ巻き

漁家の女性起業による地域活性化と県のサポート

　ここでは、このような県による女性支援の取組に後押しされ、起業した萩市の漁家2名の事例を紹介する。県内には、農林事務所が8つ、水産振興局・水産事務所が4つあり、農山漁村・女性対策推進室は、これら地域の拠点の県職員と連携しながら女性の支援を行っている。

　萩市に住む一本釣り漁業を営む児玉カズヱさんは、地元である山口県漁業協同組合江崎支店の女性部部長として、天然せっけん運動等の環境保全活動や地元で獲れた魚や野菜を使った食育活動を積極的に行っている。また、山口県漁村生活改善士としても活動した経験があり、家族経営協定を締結し、締結推進のための啓発活動も実施している。

　女性部員の有志で、地元で獲れた魚を使った加工品の製造・販売をしようと、平成15年に「JF江崎フレッシュかあちゃん」を結成した。平成19年には「やまぐち農山漁村起業ネットワーク」に加入して、味つけ等に工夫を重ね、さざえ飯、おまんずし（おから寿司）、いか飯の3品が、やまみちゃんブランド品に認定されている。認定審査にあたっては、加工品に対して細かい助言をもらえたことが、加工品の改良に役立ったという。販売する場所の確保には困難が伴ったが、水産事務所の職員に相談しながら、道の駅等の販路を拡大している。

　もう1人、同じ萩市に住む一本釣り漁業を営む漁家の吉村榮子さんは、現在、山口県漁業協同組合女性部部長、山口県漁業協同組合理事、全国漁協女性部連絡協議会会長理事として、漁協運営への女性参画を推進している。吉村さんは、NTT関連会社に定年まで勤めており、退職してから本格的に女性部の活動に取り組むようになった。

　地元の山口県漁業協同組合三見支店の女性部では、古くから、高齢者を招いて「いきいきサロン」を月1回開催して、地元の魚や野菜を使った昼食会を行う等していた。買い物に行くのが大変だという高齢者の声や、食べられるのに廃棄するような雑魚等の活用を考え、平成18年に女性部員から出資者を募り、「三見シーマザーズ」を結成した。平成22年には株式会社シーマザーズを発足させ、現在は、15名の同地区の農家の女性を雇用し、道の駅「萩・さんさん三見」で「鯖島食堂」を経営、また、女性部員13名で、県漁協三見支店の加工場で弁当、惣菜を製造・販売している。様々な転機の各段階で、水産事務所や農山漁村・女性対策推進室の職員に相談し、助言を受けてきたという。吉村さんは、補助金等の情報がいち早く県から入ってくることが、非常に役に立ったと話している。添加物をほとんど使わない地元の魚と野菜を使った料理は好評で、地域の女性の雇用の創出や、道の駅の客数の増加等、三見シーマザーズの活動は、地域の活性化にも大きく貢献している。

　県では、先に示したような農山村女性支援のための基盤・しくみを活用し、女性の活動が、この

萩市の漁家の女性たち

II-3　農業・漁業に携わる女性の活動を推進し、地域活性化につなげる

2人の例のように様々な局面を乗り越えながらうまく継続できるように、地域や団体等の個別の
ニーズにあわせて、きめ細かくサポートしている。

2　住民参加のワークショップで人材を掘り起し、活動を後押し
山形県の取組

取組の概要

　山形県では、中山間地域や農山漁村地域の高齢化や産業の担い手不足等を背景として、農林水
産部が中心となって地域づくりを支援している。その方法は、地域づくりの専門家（県職員）で
あるプランナーが、地域づくりを志す各地域において「地域診断」を行い、地域づくりに向けた
課題を整理したうえで、市町関係者等とともに、住民が参画する地域づくりワークショップを基
礎としたプロジェクトを進めるものである。この一環として、農村、漁村の女性や若者の地域活
動や起業等が支援されている。

　住民参画のワークショップは、これらの事業が開始される以前から、また他の都道府県におい
ても、農村計画やまちづくり等の領域において実施されている。ワークショップにおいて、地域
住民が地域の課題や課題解決に向けた活動について考えることが、主体的に行動を始める契機と
なっている。地域振興を目指した6次産業化等の重要性を背景として、女性が抱えがちな課題
等に、支援者が敏感な視点を持つことで、農山漁村女性の支援がさらに進む可能性がある。

女性・若者の人材発掘を促進する事業を拡大

　本県では、平成20年度に、農山漁村の景観や地域資源を活用して地域づくりに取り組む地域
や市町村に専門の職員を派遣して、地域の行動計画づくりや実践活動に移行するまでをサポート
する「農山漁村活性化プロ派遣事業」（～平成26年度）を開始した。平成22年度からは、この
事業のなかから産業振興や雇用創出につながる実践を「女性や若者が活躍できる新たな産業創出
事業」（～平成26年度）として、対象と目的をより絞った取組を開始した。

　前出の2つの事業は、平成27年度より「元気な地域づくり支援プロジェクト事業」および「元
気な女性・若者ビジネス応援事業」へ移行している。前者は、閉校する小学校の活用や自治振興
会の行動計画づくりといった直接的には産業振興には結びつかない農山漁村における地域づくり
を含むもので、後者は、前者の地域づくり活動の過程から芽が出た取組も含め、農林水産物や地
域資源を活かして、付加価値や雇用を生み出す地域内のスモールビジネスを促進する取組である。
この事業は平成26年度までは、年間6地区程度を対象としていたが、平成27年度の新規事業

120

としては、知事の提案のもと、2年間で100件の支援を目標としている。1～2年間の各取組について、上限30万円（定額）の補助金を交付する。

支援の対象となる団体は公募による。平成27年度の募集（4・5月）には、73件の応募があり、58件を選定した（うち中山間地域19件、平場36件、庄内地区漁村3件。団体には男性メンバーを含む場合もある）。対象者は、必要に応じて、プランナーによる支援の他、加工品のビジネス化に必要なノウハウの提供を受けることができる。

「関地区元気な地域づくり大会」の様子

プランナーによる支援には、住民が広く参加する地域づくりワークショップを用いている。プランナーは、市町村職員や地域住民が主体となって話し合うプログラムの運営をサポートし、具体的な課題解決や目標の達成に向けた道筋をつけ、実践活動へ移行するための支援も行う。例えば、女性グループがある集落で起業を希望している場合、自治組織の長を含めた地域住民が、起業が地域へもたらす利点を共有し、活動の障害となり得る地域での固定的な性別役割分担意識の払拭が促せるような話し合いのサポートを行う。

これらの事業の他、内閣府「地域女性活躍促進交付金」を活用し、平成26・27年度に「やまがた6次産業化農業女性起業応援セミナー」も実施した。このセミナーは広く非農家の女性も含めた気運醸成の場として位置づけるとともに、専門アドバイザー（県職員等）による個別ビジネス相談会の機会を提供し、相談の希望者には記名式で相談内容を事前に尋ねる等して状況を把握し、人材の掘り起しを試みた。

ワークショップの進め方

地域住民が主体となったワークショップは、プランナーが、開催前に十分な現地調査（聞き取りや資料収集・分析）をして「地域診断」を行う。その集落の歴史的なプロセスを探り、これまで様々な地域の課題に対してどのような対策をしてきたか、今どの位置にいて、これからどのような道をたどるのかを予測する（髙橋2015）。そのうえで、関係者を含めたワークショップの見取り図ともいえる「スコア」を作成する（図表Ⅱ-3-1）。県職員は、当日のワークショップの進行等を担当するが、住民への参加の呼びかけ等は、地域の市町村の職員を巻き込んで実施する。

平成28年10月～平成29年3月に米沢市の中山間地域にて実施された「関地区元気な地域づくり大会」を例にすると、ワークショップの内容は次のとおりである。

「関地区元気な地域づくり大会」プログラム
場所：米沢市立関小学校体育館

		内　　容
第1回	10月10日（月・祝） 9:00-15:30	午前：オリエンテーション グループに分かれて地域内を散策 お昼：みんなで昼食 午後：地域の課題等を話し合う
第2回	11月23日（水・祝） 9:00-12:00	オリエンテーション 第1回のおさらい グループワーク：元気な関地区の未来について提案づくり 成果発表
第3回	3月5日（日） 13:30-15:30	地域全体を対象とした成果発表 実践活動を促すための講演会

　参加者は、小学生から高齢者まで様々な年代の男女が参加し、グループは、プランナーがあらかじめ、性別、年齢階級を考慮して分けておく。複数名の米沢市の職員も参加し、運営をサポートする。

　第1回のプログラムでは、午前中に、グループごとに地区を歩き、気になるところを写真に撮って回る。午後には、印刷された写真を見ながら、地区の「弱い点」「強い点」「使えるもの」「不安なもの」を考えて付せんに書き出していく。第2回は、図表II-3-1に示すように、書き出した項目をジャンル別や緊急性、連携先等を考えながら並び替え、整理していく作業を行う。第3回は、グループごとに整理した課題や解決策をまとめてつくった「行動計画書」を多くの住民を集めた会で報告し、今後の実践活動に向けた合意形成を図っていく。

　地域住民が参画するこのようなワークショップは、先に示したような事業が開始される以前から、また他の都道府県においても、農村計画やまちづくり等の領域において実施されている（山浦 2010, 2015）。古いものでは、昭和55年に行われた、同じ山形県の飯豊町の「椿講」（つばきこう）[5]がある。日本のワークショップのはじめといわれており、ワークショップで芽生えた意識が、住民による土地利用計画作成の過程に、その後、長期にわたって大きく影響している（木下 2007）。

5　中心となってかかわった東京工業大学・青木志郎研究室では、当時「ワークショップ」ということばが受け入れられない可能性を考慮し、「講」ということばをあてた（木下 2007）。

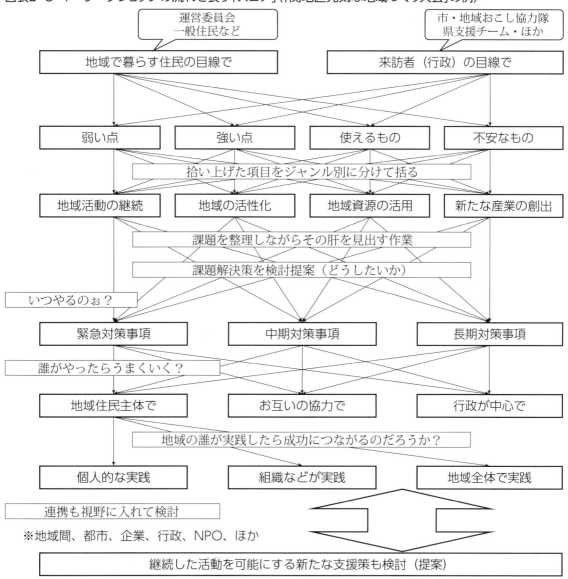

図表Ⅱ-3-1　ワークショップの流れを表す「スコア」(「関地区元気な地域づくり大会」の例)

山形県置賜総合支庁農村計画課　髙橋信博氏作成

ワークショップがきっかけとなって起業した女性グループの事例

　ここでは、ワークショップに参加したことがきっかけとなって女性グループを結成し、起業した女性の事例を1つ示す。

　西置賜郡白鷹町に住む農業を営む佐藤洋子さんは、居住区の中山地区で平成12年度に開催された地域づくりワークショップに参加した。これをきっかけとして、女性グループ「まぁ・どんな会」を立ち上げ、夏季のスキー場ロッジを利用した農家レストランを開業した（代表を10年

務めて引退）。スキー場が稼働する冬場は、廃園となった保育園を借りて、地域の食材を使った加工品等の製造販売にも取り組んだ。

このワークショップは、地区の役員がこの地区をどうにか活性化させたいとの思いで、県に依頼して開催したものであった。地区の女性で構成された佐藤さんの班では、地区の資源を使って何ができるかを話し合った際に、地区にある「町営スキー場」の冬季以外の活用が、地域活性化の課題解決になるのではないかという提案が出た。他の班でも同様に、スキー場の活用についての提案は多かった。ワークショップを進めるうちに、皆で協力して実現したいということになり、プランナーのサポートもあり、グループを立ち上げた。佐藤さんは、子育ても一段落し、ちょうど何かを始めたい、働きたいと考えているところだったこともあり、立ち上げに加わり、代表になった。「まぁ・どんな会」は、ワークショップで佐藤さんたちが班につけた名前であった。

行動する過程で、スキー場の食堂の借り受けや、加工場の確保等、様々な困難があったが、プランナーが関係者と交渉し、調整して応援した。なかでも大きな困難は、一緒に活動する女性の間で、労働の対価に対する考えの違いが生じ（有償で活動するのか、無償のボランティアを重視するのか等）、大きく対立したことであった。この時は、町役場の職員や税理士、プランナーも一緒に、何度も話し合いを続けた。佐藤さんは、現在も自宅で農家民宿を開き、農村への修学旅行生を受け入れたり、自宅の敷地に設けた加工場で自宅で採れた野菜の加工品をつくって販売したりして、地域活性化に貢献している。

庁内の人材育成と体制強化

農山漁村地域支援にあたっては、プランナーの育成や庁内の体制づくり等、実践に対応できる専門家の人材育成と体制強化を図っている。プランナーは、「自らの技術で地域課題解決のための対応プログラムを作成、話し合いのための企画運営が可能となり、併せて新たなプランナーを指導育成できる能力を身につけた職員」として、平成26年度までに、農業土木関連の職員から平成28年度現在、県職員13名（女性は30歳代1名）を認定してきたが、2020年度までに50名を育成することを目標としている。育成のための研修は以下のとおりとなっている。

区分	内容	対象	日数
1) 基礎研修	ワークショップの基礎知識と演習研修	農業農村整備事業等に携わる全職員（約280名）	1日
2) 現場研修	地域で開催されるワークショップを活用し、計画的に参加・体験する	基礎研修受講者	1日以上
3) 企画研修	ワークショップの企画研修（具体のプログラム作成等）	現場研修受講者で所属長の推薦のある職員	1日以上
4) 実践研修	地域でのワークショップをプログラムにし、実際に3回程度運営	企画研修受講者で所属長の推薦のある職員	3日以上

地域づくりの支援を充実させるとともに、地域づくりプランナーが実践で力量を形成する機会の1つとして、ケーススタディによる検討がある。「元気な地域づくり支援プロジェクト事業」の支援対象となった地域のなかから、平成26年度は12件、平成27年度は16件のケーススタディを「中山間地域における農林振興と農山村活性化プロジェクト戦略会議」として実施している。ケーススタディ（プロジェクト）ごとに、地域づくりプランナー、本庁の関係部局職員、各地域の総合支庁職員等からなるタスクチームを結成し、外部有識者と関係者を交えた戦略会議を実施、取組内容の評価・検証や地域振興に向けた支援策の検討を行っている。

また、庁内の他部局との情報共有の場も設けている。農山漁村の振興や地域づくりは、様々な分野の事業にもかかわるため、平成21年度より、農林水産部農政企画課が事務局となり「地域振興推進研究会」を立ち上げた。農林水産部次長が座長（会長）となり、研究会には実務担当者である課長補佐以下が出席する。毎年4月には各々が担当する地域振興施策を持ち寄り、事業の説明会議を実施し、その後は適宜メール等で個別に、課題解決の取組や予算要求等における調整、マッチングを行っている。研究会の構成部局は以下のとおりである。

地域振興推進研究会　構成部局

会　　　長：農林水産部次長
構成部局：農政企画課（事務局）、農業技術環境課、県土利用政策課、文化財生涯学習課、 　　　　　若者支援・男女共同参画課、農村計画課、林業振興課、6次産業推進課、 　　　　　観光立県推進課、みどり自然課、市町村課、義務教育課

【参考文献】

・ 木下勇, 2007,『ワークショップ——住民主体のまちづくりへの方法論』学芸出版社.
・ 齋藤京子, 2010,「農村女性起業の可能性と不確実性」『JA総研レポート』2010春第13号.
・ 高橋信博, 2015,「地域を中長期的に見、住民をその気にさせる技術が必要——地域づくりプランナーに求められる視点と役割」2015.11地域活性化センター『地域づくり』.
・ 中道仁美編, 2008,『女性からみる日本の漁業と漁村』農林統計出版.
・ 山浦晴男, 2010,『住民・行政・NPO協働で進める最新地域再生マニュアル』朝日新聞出版.
・ 山浦晴男, 2015,『地域再生入門——寄り合いワークショップの力』筑摩書房.

農を営む女性の生き方を模索し、提案・提言する「日本の田舎をつなぐ」ネットワーク
NPO法人田舎のヒロインズの取組

NPO法人田舎のヒロインズ理事長
大津　愛梨

東京出身の農家の嫁に何ができるか

東京育ちの私が、就農したのは14年前のこと。結婚後に夫婦そろって留学していたドイツで、「農家は食べ物だけでなく風景もエネルギーもつくる存在である」ということを学び、農家民宿や教育ファームの存在も随所で見聞きしました。帰国後、夫の郷里である南阿蘇で後継者として就農。ドイツでの経験を活かし、農家が風景やエネルギーもつくる存在となっていくことを目標としました。

しかし、日本では「風景」や「エネルギー」という大きなテーマについての社会的合意を得るのが難しく、また生産者と消費者が分断されているということに気づきます。そこで、まずは大きな投資や大勢の合意がなくてもできる情報発信を始めました。当時はまだ珍しかったホームページをつくり、ブログを開設して、日々の暮らしを発信するようにしたのです。また、都会の皆さんが田畑に触れる機会を増やすためのイベントも企画しました。棚田コンサートや稲刈り後の田んぼでのオープンカフェ、ランドアートイベント等々。南阿蘇での生活を始めてから授かった3人の子育てをしながら、農村や農業の魅力を発信することに努めてきました。

一方で、就農した年の冬にはさっそくNPO法人九州バイオマスフォーラムを設立。まずは勉強会やイベントを通じた啓発活動から始めました。その後、阿蘇ならではの資源として、草（主にススキ）をつかった発電の実験事業にも取り組みましたが、事業として成り立たせることはできませんでした。しかし、福島第1原発事故によって、事態が一転。新しいエネルギーの必要性が誰の目にも明らかになったのです。ドイツでも、チェルノブイリ原発事故が、原発に頼らないエネルギーを増やしていく政策転換のきっかけになっていたことを思うと、それくらい大きな出来事がないと社会は変わらないものなのでしょう。

私たちは再び立ち上がりました。目指すはエネルギーの地産地消。草や生ごみや家畜糞尿を原料としたバイオマス発電や熱供給は、原料の調達が課題。しかし実現すれば、農家の副収入や農村の活性化に大きく貢献することができます。目下、事業化に向けてハード

ルを1つずつ乗り越えようとしているところです。

そんな農業現場からの情報発信やエネルギーの地産地消を目指した取組を続けていた私に、女性農業者を中心としたNPOの次期代表という白羽の矢がたったのです。

女性農家の全国ネットワークと世代交代

「田舎のヒロインわくわくネットワーク」という組織が誕生したのは約20年前。コメの部分的な輸入自由化により、グローバル化に耐えうる規模拡大や効率化が叫ばれていた時代です。しかし経済的な視点だけで農業を見てほしくない。農業は「いのちと食」の原点なのだ、という想いで、当時の若手女性農家たちが立ち上がりました。携帯電話もメールもない時代に、全国的な組織を自主的につくり、運営するのは並大抵のことではなかったと思います。それを成し遂げた活きのいい彼女たちも還暦を超え

発信力のある40歳代以下の現役女性農家たち

るメンバーがほとんどとなり、かつての勢いを失いつつありました。しかし現実は設立当初よりもさらに厳しい状況。ＴＰＰや、農家の超高齢化、原発事故による放射能汚染。こんな時代だからこそ、世代交代をして現役の女性農家たちによる社会への投げかけを続ける必要がある、ということで世代交代をすることになりました。

市民団体に限らず、一度体制ができた組織の世代交代というのは簡単ではありません。しかし先輩女性農家の皆さんは潔かった。私が理事長就任の条件に挙げた「役員の指名権を与えてほしい」というリクエストを快く受け入れて下さったのです。私はただでさえ忙しい女性農家さんたちの負担をなるべく増やさずに、会としての発信力を上げていくため、すでに精力的に情報発信している女性農家さんたちを選んで、1人ずつ電話でお願いをしました。なかにはほとんど面識がなかった方もいましたが、会の意義や可能性を理解して、役員就任を承諾して下さいました。こうして役員全員を40代以下の現役農家に入れ替え、名称も一部変更（NPO法人田舎のヒロインズ）してリニューアルしたのです。ここから、NPO法人田舎のヒロインズの新たな挑戦が始まりました。

農家だからキレイ、農家だから明るい、農家だから賢い

　世代交代後の活動は、3つの柱に絞りました。

1. 受発信力を高めるための活動

　　農業・農村の魅力を女性農家の視点で発信。

　　消費者の皆さんとの交流を深めるための「受け入れ力」も磨く。

2. 農山村のエネルギー自給率を高めるための活動

3. 次世代農家を育てるための活動

　世代交代後の活動も3年目に入り、それなりに成果が出てきたので、ご紹介します。

　活動2年目の秋には、稲刈り後の田んぼでファッションショーをしました。美しい農村の風景を守っているのは私たち農家ですし、TPPや後継者不足でこの国から農家がいなくなったら、都会の皆さんが癒されるような農村風景も失われます。「風景を着る」と名づけたファッションショーで女性農家自身を輝かせると同時に、農業・農村の役割や未来について問いかける機会にしました。農村風景の写真を布地にプリントし、あえて作業服ではなくワンピースやチュニックといったドレッシーな洋服に仕立てたのがポイント。現役農家を中心として、農村で育つ子供たちや農業高校、農業大学の生徒さん、最高齢85歳の元農家さんたち、総勢40名のモデルさんによるファッションショーの模様は、ミラノ万博の日本館でも紹介されました。農家がいるから農村風景がある。美しい風景を見ながら、旬の美味しいものを食べ、体を動かしている農家は、「農家だからキレイ」。この企画は多方面から共感を得て、今後も各地（いずれは海外も）で開催していこうと思っています。

　また再生可能なエネルギーについて農作業をしながら学べるオンライン講座もつくりました。女性農家は多忙です。農作業に加えて、育児、家事、地域の活動、そして人によっては介護も。そんな忙しい女性農家たちが、作業をしながら見聞を広められるツールをつくることにしたのです。初年度は初級編として、身近なエネルギーと農業の話を6回シリーズで。2年目は中級編として、農山村で再生可能なエネルギーをつくっている実践者のお話しを中心に作成中です。女性に限らず、農家に限らず、幅広い方に聞

農村風景を守っているのは私たち農家！というメッセージを込めたファッションショー

いていただきたいと思っています。

　次世代育成の取組としては、農家の子供たちを主なターゲットとした「リトルファーマーズ養成塾」という子供受け入れ事業を実施。農家の子供でなくても参加できますが、田畑に連れて行ってもはしゃがずに農作業ができる子が参加条件です。4泊5日のプログラムはすべて参加する子供たちが決める。目標は、最終日に子供たち主催のファーマーズマーケットを開くこと。自閉症やホームスクールの子を含む15人の小学生たちが、売る物や売る場所や値段や販売方法を自分たちで決め、見事にファーマーズマーケットで野菜や昆虫や手芸品を売る姿を見て、女性農家の団体だからこそできた取組だったと自負しています。

　子供たちやその子供たちにも、美しい農村を遺したい。そのためには私たち自身が農業の素晴らしさや大切さを実感しながら日々を過ごすことが鍵となります。そんな女性農家仲間を増やすべく、これからも「へぇ、農家って農業だけやってるんじゃないんだね」といわれるような取組を続けていきたいと思います。

　平成29年の目標は、これまで全く手をつけられずにいた「国際交流事業」を始めることです。農村の疲弊や衰退は、先進国がこぞって直面している課題です。産業革命以来、2世紀以上にわたって最優先されてきた"経済価値"によって失われてしまった農山村のお金に換算できない価値を、草の根レベルでの国際交流によって、今一度見直していきたいと思います。

子供たちの考える力や生きる力を伸ばすためのヒロインズ的次世代育成

第II部 第4章 社会課題の解決に取り組む大学生を育てる

　本章では、大学生の主体的な活動を支援することを通して、次代の男女共同参画の社会づくりを担う人材を育成する取組を紹介する。これらの取組では、地域に山積する社会課題に取り組む若者の活動を、男女共同参画センターの職員が丁寧に支援することによって、大学生の男女共同参画意識の醸成やキャリア形成につなげている。また、地域における複数の機関と連携した支援は、大学生に、様々な人とのかかわりや社会課題に対するより深い気づき等、豊かな経験の場を提供している。

男女共同参画の視点に立った大学生への支援

　女性活躍推進の取組において、次世代を担う若者への支援は重要である。特に、大学生は、社会に出る前の準備期間として、社会の現状や課題、それらと自分とのかかわりについて考えることは、経済社会の変化とともに、ますます大切になっている。各大学や、女性活躍推進に取り組む地方公共団体等には、女性が働き続けることの意義や、働き続けるための職場の選び方、自分のライフキャリア等について考えるための情報や体験の機会を提供するところも多くある。

　このような取組は、女子学生だけでなく、男子学生に対しても大切である。若者の世代は、親の世代の経済的・社会的状況とはかなり異なる時代を生きており、親や周囲の大人だけをロールモデルとして自分自身のライフデザインを描くわけにはいかなくなっている。女子学生にも男子学生にも、多様なロールモデルや、広い視野を持って将来を考えるための材料を提供していくことが必要だろう。

　本章では、このような「働く」というテーマへの直接的なアプローチではなく、学生が社会課題の解決に向けた活動を行う過程を、男女共同参画や女性のキャリア形成支援についての視点を持った大人が支援することを通して、結果として、女子学生の気づきを促すことやキャリア形成につながっているような事例を取り上げる。大学生の社会活動や地域貢献活動の推進としては、近年の大学における体験学習やサービスラーニングの活動支援があるが、支援者が女性活躍推進や男女共同参画推進の視点をしっかりと理解して学生を支援するか否かで、一般的なこれらの社会活動とは区別されるであろう。

　1つ目の事例は、中学生の学習支援の活動を行う大学生を支援する静岡市女性会館の事例である。学習支援の活動を男女共同参画の視点から捉えて必要なサポートを行い、あわせて女子学生

社会課題の解決に取り組む大学生を育てる　**II-4**

自身のキャリア形成を見守っている。2つ目の事例は、中学校・高校でのデートDV防止講座のファシリテーターを養成する世田谷区立男女共同参画センターの取組である。大学生の講座へのかかわりは、大学生の意識醸成や力量形成だけでなく、中高生に身近なロールモデルを提供する機会にもなっている。

コラムには、福岡女子大学における学生の地域活動支援の取組を取り上げる。

❶　中学生の学習支援活動を支えることを通して大学生のキャリア形成を支援
静岡市女性会館の取組

取組の概要

静岡市女性会館（以下「会館」という）では、女子大学生からの依頼をきっかけとして、中学生の学習支援を行う団体に、無償学習教室を開く会場を提供している。学習支援を受ける中学生は、生活に困難を抱えており、母子家庭も多いことから、会館がこの団体を支援することは、間接的に困難を抱える女性の支援にもつながっている。有志10名余から始めた団体は、徐々に活動の場や人員を増やし、平成28年10月現在で支援する大学生は約70名になった。立ち上げた当時の大学生が卒業しても後輩の大学生たちによって活動が継続できるように、形態も任意団体から一般社団法人に移行した。

中心となって当団体を立ち上げた学生と会館とのつながりは、この学生が1年生の時に所属大学の教員が活動を勧め、会館の館長を紹介したことがきっかけである。会館や大学、地方公共団体等が協力し、若者の社会活動を地域で応援する土壌が築かれている。

他の社会教育施設との差別化と若者支援の経緯

会館は、葵生涯学習センター（旧中央公民館）との複合施設として、平成4年に開館した。市内には生涯学習センターが11館、清水地区には小学校区ごとに生涯学習交流館もあり、公共の社会教育施設が多く設置されている。会館には平成19年度に指定管理者制度が導入され、平成7年度より会館で開始された人材育成塾「アイセル女性カレッジ」の1期から6期の修了生が中心となって立ち上げた「特定非営利活動法人男女共同参画フォーラムしずおか」（以下「フォーラムしずおか」という）が指定管理者となり、現在2期目（平成24〜28年度）となる。

会館の運営にあたっては、法人の理事会において、市内に1つしかない男女共同参画推進の拠点であることを意識し、他の社会教育施設と同じような事業でなく特色を出すようにという指

131

摘があった。そこで、来館してもらわなくてはいけないのに来館していない人はだれかについて職員で話し合い、若い世代や20〜40歳代の働いている女性の利用が少ないことが課題として浮かび上がった。その後、非正規雇用や若年無業女性等、困難を抱えた人に対象を絞った講座の企画・実施や個別のニーズに対応する等し、意識啓発や学習型の事業から課題解決型の事業への転換を図ってきた。ニーズの多様化に対応するため、平成24年度からは新たに「サポート」事業を立ち上げ、「転職・就職相談」「キャリア相談」等の相談とともに「居場所」の提供をこのなかに位置づけた。「サポート」事業では、この他、若年無業女性の支援に際し、回復度にあわせて施設の他の事業につなげる等、周りにある様々な機能や人的資源を活用し、柔軟な取組を広げている。ここで取り上げる大学生の社会活動の支援も、これまで十分に取り組めていなかった若年層への対応として、この「サポート」事業の一環で行っている。

大学生の学習支援活動の支援と男女共同参画の視点

　会館で無償学習支援教室「宿題カフェ」を行う大学生の任意団体（当時）「静岡学習支援ネットワーク」は、平成24年に結成された。この学習支援は、有料の塾に通えない、あるいは家庭環境が複雑で勉強できる環境にない中学生に対して無償で行うものである。当時はまだ、現在ほどこのような学習支援の場がなく、熱海で活動しているグループに参加していた静岡県立大学1年生の白谷素子さんが、大学のサークル活動の担当であった教員に相談したところ、活動を勧めるとともに、交流のあった会館の館長（当時）を紹介してくれた。学内外の知人や団体等を通じて呼びかけて、集まった静岡県立大学、静岡大学、常葉大学の男女学生14名で団体を結成した。学習支援を行うために安全で費用のかからない会場を探すことと、子供の個人情報の管理方法を決めることが当座の課題だった。

　学習支援の対象となる中学生は、生活に困難を抱えており、母子家庭も多いことから、会館では、この学習支援の団体を支援することは、大学生への支援だけでなく、間接的に困難を抱える女性の支援にもつながっていると考え、会場の提供も含めて活動を支援することにした。会場の提供については、当初は定期的に無償で会場を貸すために必要な手続きとして、教育委員会から市の男女共同参画課に減免申請を出してもらっていたが、支援をさらに円滑に行うために、先述の「サポート」事業の一環としてこの一連の取組を位置づけ、事業化した。

　「宿題カフェ」は、基本的には毎週金曜日18：30〜20：00に開催している。その前後に準備や打ち合わせ、反省会、ケース検討会を行う。会館職員はこれらには入らないが、メーリングリストに館長がスーパーバイザー

地域の子供たちとの勉強会「学習カフェ」の様子

として入り、活動報告等を受けている。学習支援の対象となる中学生は、大学生が親子を面接し、困難度が高い人から受け入れているため、学生だけでは安全面等で心配な面接には、館長が立ち会うこともあった。事故やDV加害者の父親の来館等、万が一にそなえて、中学生のリストも共有している。年度末には保護者への報告会も行い、半年に1度は、一般公開の活動報告会を行った。また、季節ごとに1回、学習教室を中学生にとっての心地よい居場所にするためのゲームや調理等のイベントも、会館の中で行っている。

　会館を会場とすることは、大学生にとっても、来館する際等に図書コーナーで本を借りたり、関心のある講座に参加したりして、男女共同参画について知る機会になっている。平成26年2月には、団体の活動報告も兼ね、会館との協働で「広がる学習支援の輪〜子どもの貧困を考える〜」を開催した。また、同年8月に行われた国立女性教育会館主催の「男女共同参画推進フォーラム」では、会館の職員とともに学生が活動を報告するワークショップを行う等、男女共同参画の視点での意味づけを行いながら、活動を丁寧に支援している。

　「宿題カフェ」に通う中学生の保護者（多くがシングルマザー）には、子供の教育費をはじめとする経済的な将来設計が不可欠である。会館で取り組んでいる若年無業女性の支援についても、自立のためには経済的な将来設計が重要であるが、将来設計ができないまま困難を抱えている場合が多い。これらの事業を通して、生活困難な状況にある女性にとって、経済面から将来の見通しを持つことの重要性が浮かび上がったため、試行していた「家計相談」を、平成27年度からは会館の「サポート」事業として加えることになった。消費生活相談員の経験のある職員が、新たにファイナンシャルプランニング技能士の資格を取得して、「家計相談」を担当している。会館では、職員が積極的に支援者として必要な学習や資格取得を重ね、力量形成を図っている。

学生の社会活動を後押しする地域のつながりと活動の広がり

　「宿題カフェ」の取組が新聞等にも取り上げられ、活動が徐々に知られるようになると、参加を希望する中学生が増え、平成24年度の秋には清水区にある生涯学習交流館、駿河区の生涯学習センターの市内の全3か所に会場を増やした。先述のように会館にて活動報告会を行い、学生たちを応援する市民も増えた。

　白谷さんは、3年生になった平成26年度に、代表を後輩に譲った。大学生が行う活動として、卒業後も、その理念を共有する仲間を増やしながら団体を維持することができるようにと考えたためである。平成27年度には、静岡市でも学習支援が予算化されることになり、一般社団法人静岡市母子寡婦福祉会、一般社団法人てのひらとの三者で「静岡市子ども支援コンソーシアム」を結成し、「静岡市生活困窮世帯、ひとり親家庭等の子どもへの学習・生活支援業務」を静岡市から受託し、今までの学習支援をこの事業の一環として行うことになった。その際に法人格を取得し、任意団体から一般社団法人となり、白谷さんや会館の元館長、白谷さんに活動を勧めた教員は、理事として活動を後方支援することになった。

　このように、静岡学習支援ネットワークの活動は、会館のサポートと、地域の関連機関とのつ

ながりのなかで広がっているが、先にふれたように、白谷さんが活動を始めるにあたり大きく背中を押したのは大学の教員であることからも、静岡県立大学の学風が、活動の開始・維持に影響していると考えられる。団体は大学の公認サークルとなっている。大学（国際関係学部）には、古くから、児童買春問題に取り組むNGOや学生が主体となったキャリア支援団体等が活動しており、教員が学生の社会活動を応援する基盤がある。近年では、平成26年度より文部科学省「地（知）の拠点整備事業（大学COC: Center of Community事業）」において、県立の大学としての地域課題の解決の取組に学生を参画させる等、学生の社会活動をさらに推進している。

　会館の指定管理者であるフォーラムしずおかでは、平成24年度より市の生涯学習推進課が主催する人材養成塾「地域デザインカレッジ」を受託しており、このプログラムを受講した県立大学の女子学生2人が、平成27年に市内で子ども食堂をプレオープンし、現在、地域の住民とともに月1度、子ども食堂を開いている。大学や地方公共団体、社会教育施設、市民団体等が協力しながら、若者の地域貢献、社会活動を応援する地域のしくみと風土が、うまく循環していることがうかがえる。

　白谷さんは、平成26年度から1年間、大学を休学し、会館で有償のインターンシップを経験した。男女共同参画推進の拠点でのインターンシップは、中学生の学習支援の活動を通して関心を持つようになった、生活困難な状況にある母親をはじめとする女性への支援等、現場の実践を知る良い機会となったという。復学後は就職活動を始め、いろいろと悩んだ末に、地方公務員として働くことを決めた。会館は、学生の社会活動を支援する過程において、大学生という大切な時期の学生自身のキャリア形成も、丁寧に支援してきたといえるだろう。

❷　中高生にデートDV防止を伝える大学生の　ファシリテーターを養成
世田谷区立男女共同参画センターの取組

取組の概要

　特定非営利活動法人NPO昭和が管理運営する世田谷区立男女共同参画センターらぷらす（以下「センター」という）では、区内の中学校・高校で、デートDV防止のための出前講座を行っている。平成25年度からは、養成講座を修了した大学生が、講座アシスタントとして、センターの職員とともに学校に出向いている。大学生による講座の提供は、中高生にとって、年齢の近い身近なロールモデルに接する貴重な機会である。また、大学生自身の男女共同参画を推進しようとする意識を醸成するだけでなく、学習支援者としての力量やコミュニケーション力の向上を促

している。また、異なる学年や大学の学生同士が学び合う場ともなっている[1]。

デートDVとは？

「DV（ドメスティック・バイオレンス）」は、一般に、配偶者等、親密な関係にある（あった）者から振るわれる暴力であり、「デートDV」は、特に若年層の男女間における暴力（交際相手からの暴力）を示す。「暴力」には、身体的暴力だけではなく、精神的、性的暴力も含まれる。内閣府男女共同参画局の平成26年の調査によると、20～29歳の女性の30.7％、同男性の13.3％は、交際相手からの被害経験があると回答している。また、20～29歳女性の28.2％、同男性の41.7％は「交際相手からの暴力（デートDV）」という言葉があることを知らなかったと回答している（内閣府男女共同参画局 2015）。若年層に向けては、将来の婚姻関係におけるDV被害・加害の予防という観点とともに、現在の交際相手等の男女間の関係を考える点からも意識啓発が必要であることがわかる。

第4次男女共同参画基本計画では、第7分野「女性に対するあらゆる暴力の根絶」において、交際相手からの暴力への対応として、「若年層に対する予防啓発の拡充、教育・学習の充実を図る」ことが具体的な取組として示されている。

ファシリテーター養成プログラムの概要

センターは、平成3年にせたがや女性センターらぷらすとして開設され、平成12年に現在の名称に変更、平成15年から業務委託制度が導入されている。平成20年より業務委託者となった特定非営利活動法人NPO昭和は、センターの管理運営を行う男女共同参画事業の他、保育所や子育てひろば運営等の子育て支援事業を展開する法人である。センターでは、世田谷区男女共同参画プラン調整計画に基づき、「女性の就業支援」「子育て支援」「こころとからだ」「DV防止・人権尊重」「区民との協働」の5つを事業の柱としている。

中学生・高校生を対象としたデートDV防止等、男女共同参画に関する出前講座は、「らぷらす学校出前講座」として以前から実施していたが、子供への暴力防止等の活動を行ってきた担当者が、デートDVのテーマは、年齢の離れた講師が伝えるよりも、年齢が近い大学生が伝えたほうが理解してもらえると考えていた。そこで、平成25年度より大学生のファシリテーター養成講座を開始した。インターンシップで受け入れた学生やセンターとかかわりのある大学教員を通して募った学生が養成講座に参加した。講座を修了した学生のうち、毎年3～4名が学校出前講座にかかわっている。養成講座は、2日間の集中講座と4～5回の実践講座からなる。2日間の集中講座（両日10:30-16:00）は、次のような内容で構成されている。

1　デートDV予防講座と大学生人材養成の取組については、この他に、飯島（2014）参照（もりおか女性センターの事例）。

デートDV防止ファシリテーター養成講座

		内　　　容
1日目	午前	・男女共同参画について ・オリエンテーション
	午後	・らぷらす学校出前講座について ・デートDVの基礎知識（DVの起こる要因、ジェンダーや性について等）
2日目	午前	・昨年度受講した大学生から学校出前講座の様子を聞く ・デートDV防止のための対策（対等な関係のつくり方、コミュニケーション等）
	午後	・らぷらす学校出前講座デートDV防止プログラムの紹介 ・デートDV劇（セリフ）をつくる ・発表

　この講座を修了し、月1回程度の実践講座では、全体の流れを見直したり、中高生に対等な関係性を考えてもらうための寸劇（ロールプレイ）をつくる等、主体的にプログラムの作成にかかわっている。また、プログラムの最後には、大学生が自らの恋愛や友人、家族等との人間関係にかかわる体験について、3分間程度のスピーチを行う。このスピーチの内容についても、中高生に自分が伝えたいことが伝わるように、スピーチ原稿を練り、何度も練習をしてから講座で発表するが、うまく伝えられなかったと、講座終了後に手直しをする学生もいる。学校出前講座には、センター職員とともに中学校、高校の講座に出向く。大学生は、講座のなかのロールプレイをしたり、講座の一部を担当しながら徐々に担当部分を増やしていく。平成28年度には、プログラムすべてを任せられる大学生もでてきた。

中学校・高校への出前講座の概要

　中学校、高校への出前講座実施校の募集は、毎年1月以降に、世田谷区内の国公立・私立すべての中学校と高校に案内を出している。さらに、世田谷区人権・男女共同参画担当課から区教育委員会を通して、区立中学校の校長会や新任の管理職研修の際に説明している。平成27年度には、区立中学校6校、都立高校4校、私立高校1校で出前講座を実施し、このうち7校で大学生がアシスタントやファシリテーターとしてかかわった。希望する学校は年々増加傾向にある。

　中学生を対象とした60分のプログラムの一例は、以下のような流れとなっている（世田谷区立男女共同参画センターらぷらす2016）。

らぷらす学校出前講座プログラム例（中学生向け60分）

時間配分	内容
5分	らぷらす学校出前講座の紹介
5分	デートDVに気づくロールプレイ
10分	デートDVの定義と暴力の種類
10分	デートDVの特徴
10分	デートDVにならないために大切なこと
5分	お互いを大切にできる会話のロールプレイ
10分	大学生によるメッセージ
5分	困ったときの相談先について

大学生のファシリテーターを養成する意義

養成講座の修了生は、センターの職員も含め、SNS等を活用して連絡を取り合っており、学校出前講座のスケジュールや、その前後の練習会等の情報も、ここから発信して参加者を募る。SNSグループには、大学卒業後も学校出前講座にかかわり続ける人も含まれており、都合のつく時に養成講座や練習会、出前講座に参加している。大学生にとっては、異なる大学の学生や社会人の先輩等とのつながりもつくりながら学び合う機会となっている。

センターによると、養成講座では、デートDVの知識習得とともに、次のような力が身につくとしている。

①プレゼンテーション力：相手に自分の提案や意見を伝える力
②リーダーシップ力：会場全体を見渡しながらプログラムを進める力
③コミュニケーション力：会話によって相手と良好な関係をつくる力

プログラムの内容を自分たちで考えたり、出前講座の前後の練習や振り返り、出前講座でのファシリテーション等の経験を通して、学生たちに変化が見られ、自分で判断したり、臨機応変に対応したり、伝えたいことを表現したりすることが、よりできるようになってくるという。

出前講座で、中高生が特に耳を傾けるのが大学生のスピーチである。大学生が推敲を重ねて書いた失敗や挫折も含めた人間関係にかかわる体験談は、等身大であり、中高生の心に響くものとなっていると考えられる。大学生が身近なロールモデルともなっているといえる。

大学生のファシリテーターを養成するこ

「学校出前講座」での大学生ファシリテーターの様子

とは、職員自らが出前講座に行くよりも、かなり手間がかかることである。しかし、男女共同参画の推進や対等な人間関係を築いていく次代の担い手の育成という観点からは、それらの手間をはるかに上回る効果を得ているといえるだろう。

【参考文献】

- 飯島絵理, 2014,「若者のキャリア形成支援にかかわる取組事例5学生リーダーを養成し、中学校・高校でデートDV予防講座を実施」国立女性教育会館編『男女共同参の視点に立った若者のキャリア形成支援ハンドブック』99-105.
- 世田谷区立男女共同参画センターらぷらす編, 2016,「平成27年度らぷらす学校出前講座（デートDV）まとめ」.
- 内閣府男女共同参画局, 2015,「男女間における暴力に関する調査報告書」.

男女共同参画の視点に立って考え、行動できる学生の育成
福岡女子大学の取組

公立大学法人福岡女子大学教授
野依　智子

　公立大学法人福岡女子大学は、大正12（1923）年設立の福岡県立女子専門学校が前身です。大正デモクラシーのなか、「女子の高等教育機関を」という福岡の女性たちの声を反映して設立された日本初の公立の女子専門学校です。以来、女子高等教育機関として福岡県はもちろん九州全体に多くの女性たちを送りだしてきました。

　女子学生が、様々な社会課題を男女共同参画の視点から捉え、自らが行動し、次代の社会を担っていくことができるよう、本学では、地域の関連機関と連携しつつ、様々な社会参画の機会を学生に提供しています。ここでは、以下2つの本学の取組を紹介します。

女子学生のための防犯推進協議会の取組
（1）経過と背景

　本学は福岡市東区に位置し、近隣の九州産業大学、福岡工業大学とともに、平成23年に東部地域大学連携に関する協定を結んでいます。昨今、大学は地域貢献・社会貢献が盛んですが、本学は県が設置した大学という性格から地域貢献は大学の使命でもあります。

　平成28年4月、東部地域大学連携の3大学に福岡工業大学短大部と九州造形短大を加えた5校によって、平成28年度福岡市防犯ボランティア支援事業の一環として「女子学生のための防犯推進協議会」が発足しました。背景には、県内での性犯罪の増加があります。大阪、東京に次いで多く、人口10万人あたりの認知件数は6年連続で全国ワースト2位です。契機は、平成27年度の香住ヶ丘交番連絡協議会、香椎交番連絡協議会において、福岡市東区のなかでも当該地域は性犯罪が多いという報告でした。この報告を受けて、東部地域大学連携の3大学で組織する女子学生懇話会が中心になって、女子学生自らが性犯罪に対する意識化と自己防衛を目的に同協議会は発足しました。啓発活動では、福岡県東警察署や地域の防犯協会等と連携しています。

（2）取組内容
平成28年4月の発足以来の主な事業は以下のとおりです。

① 6月13日（月）JR香椎駅で、防犯推進協議会女子学生メンバーによる性犯罪防止啓発チラシの配布と呼びかけ。

② 9月23日（金）JR福工大前駅で県警主催の「性犯罪防止キャンペーン」開催。登校する女子高校生・大学生、OLに防犯ブザー・防犯リーフレットを配布。

③ 10月7日（金）九州産業大学にて「高等学校女子生徒のための防犯セミナー」の開催。スマホを見ながら歩くのは無防備であることの注意喚起とともに、護身術を学びました。

女子学生のための防犯推進協議会のシンボルマーク
デザインは九州造形短期大学の学生
5つのコスモスは5大学を意味する

九州産業大学における発会式

（3）学生の感想から
　活動に参加している福岡女子大学の学生は、次のように言っています。「性犯罪が起きるということは、それだけまだまだ女性は弱く地位が低いものと思われているのだと思います。でも、犯罪防止のために女性が活動することは、精神的強さを異性に対して見せることができるのではないでしょうか。性犯罪は私たち学生世代が多く被害にあっています。そのことを踏まえても同世代の学生が活動することの方がより身近に性犯罪の恐ろしさを伝える力があると思います。」

　こうした活動を通して、性犯罪を他人事と思わずに自分の身にも被害が及ぶ可能性があることを認識するとともに、性犯罪の背景にある女性の社会的地位の低さという構造的問題にも気づいているといえます。

UR香椎若葉団地における多世代共住によるコミュニティ活性化の取組
（1）経過と背景

　平成27年度からUR香椎若葉団地に6名の学生が共住しながら、団地コミュニティの活性化を図る取組を行っています。これはURとの連携協定に基づく取組で、コミュニティ活性化の活動に参加したい学生が入居に応募してきます。活動は、自治会や子ども育成会等、地域団体と協力しながら行います。UR香椎若葉団地は、昭和54（1979）年2月管理開始で、現在18棟、740戸の団地です。自治会加入率はおよそ47%（平成27年現在）で、住民の高齢化とそれに伴うコミュニティ機能の低下が課題となっています。こうした地域課題に対して、団地に学生が共住し、地域活動を行うことによって活性化を図ろうというものです。

　この学生組織は「みんなのラボ＠若葉」と命名され、平成27年11月から「すっきり朝活」という活動を継続しています。なお、この取組はサービスラーニングという体験学習科目の一環で、入居学生の他にも授業を履修している10名程度の学生が活動に参加しています。

（2）取組内容

　毎週水曜日の午前9時に団地集会所前に集合し、ラジオ体操後に団地周辺から香椎浜遊歩道を1時間程度散歩します。老人会や自治会の集まりにはあまり参加しない人も、学生企画の「すっきり朝活」は参加しやすいということです。参加住民は10名前後で、女性や独居高齢者が多く、雑談をしながら参加者間のコミュニケーションを図り、つながりを深める機会になっています。また、平成27年11月から始めて、夏休みも休むことなく毎週行っているため参加者の生活リズムの一部にもなっています。平成28年4月の熊本地震の際には、参加者間で独居の人に「大丈夫か？」「心配したよ」と声かけをしています。また、互いに自宅での食事に誘いあったり、一緒にイベントに出かけたりしています。こうしたつながりに女子学生も加わっており、「住民のつながりの架け橋になっていると思う」と感想を述べています。

「すっきり朝活」の散歩風景

高齢化が進み、自治会活動の担い手も限られるという都市近郊団地が抱える課題に対して、女子学生が団地に住み、住民とともに新たな活動をすることで、コミュニティの活性化・再構築を図っています。

(3) 学生の感想から

散歩中に女性独居高齢者から、一人暮らしの寂しさ、孤独死の不安、ケア付マンションは高額であること等の悩みを聞き、「独居の悩みの深さをリアルに知ることができた。同時に、将来の自分の姿を想像し、家族のあり方を考えさせられた」と言っています。

独居であることの不安や寂しさは男性高齢者も女性高齢者も同様ですが、夫の死亡等で単身になった女性高齢者には、それらに加えて経済的不安があることも知ったようです。

第Ⅱ部
第5章
防災と災害復興に女性の視点を反映するための基盤をつくる

　平成7年の阪神・淡路大震災、平成16年の新潟県中越地震、そして平成23年の東日本大震災等の大きな災害時における女性の困難と、それらの困難を乗り越えるための女性たちの活動を経て、男女共同参画の視点を組み込んだ防災・災害復興の取組が広がりつつある。災害時に一人ひとりの多様な被災者が大切にされる環境づくり、また災害時に備えた災害に強い社会の構築には、男女共同参画の推進が不可欠となっている[1]。

　本章では、東日本大震災における女性たちの経験を経て、女性のエンパワーメントに向けたネットワーク構築や人材育成に取り組む活動を取り上げる。

防災・災害復興における男女共同参画の推進

　防災基本計画（平成28年5月中央防災会議決定）[2]では、避難所運営や防災のまちづくり等、災害時・防災・災害復興の各段階において、女性のニーズへの配慮や女性の参画の必要性について示している。具体的には、避難所運営においては、女性の参画の推進やニーズへの配慮（女性専用の物干し場、更衣室、授乳室の設置や生理用品・女性用下着の女性による配布、巡回警備や防犯ブザーの配布等による避難所における安全性の確保等）が必要としている。また、復興計画の策定や防災のまちづくりにあたっては、地方防災会議の委員への任命等、防災に関する政策・方針決定過程への参画や、消防団への入団促進、障害者・高齢者・女性等の意見が反映されるような環境整備等が示され、男女共同参画やその他の多様な視点を取り入れた防災体制を確立する必要があるとしている。

　男女共同参画基本計画では、平成17年12月に閣議決定された「第2次男女共同参画」において、「新たな取組を必要とする分野における男女共同参画の推進」の1つの分野として防災分野が示された。現在の「第4次男女共同参画基本計画」（平成27年12月閣議決定）では、第11分野に「男女共同参画の視点に立った防災・復興体制の確立」があり、施策の基本方向および具体的

---

[1]　男女共同参画の視点に立った防災・災害復興の現状や方向性ついては、次の資料も参照されたい。
　　内閣府男女共同参画局『男女共同参画の視点からの防災・復興の取組指針』（平成25年5月）
　　http://www.gender.go.jp/policy/saigai/shishin/pdf/shishin.pdf
　　「仙台防災枠組2015-2030（仮訳）」（第3回国連防災世界会議における成果文書・関連部分抜粋）
　　http://www.gender.go.jp/policysaigai/pdf/sendai_framework_relation_bassui.pdf
[2]　中央防災会議「防災基本計画」（平成28年5月）参照。
　　http://www.bousai.go.jp/taisaku/keikaku/pdf/kihon_basic_plan160216.pdf

な取組が、①防災分野における女性の参画拡大など男女共同参画の推進、②復興における男女共同参画の推進、③国際的な防災協力における男女共同参画の3つの項目について示されている。

これらに示された方向性のような男女共同参画や多様性の視点に立った環境やしくみの実現に向けて、全国の多くの地方公共団体や女性団体等が、避難所運営等についての学習会や防災にかかわる女性リーダーの養成を行っている。地域において、取組を進めていくうえでの課題の1つは、自治会・町内会等、地域団体との連携であろう。地域団体による活動は住民の主体的な自治に任せるという立場から、地方公共団体が対策を講じないことや、自治会の役員等の決め方が、古くからの地域ごとの慣習によっていて変革が困難なこと等が要因となって、女性の意思決定過程への参画が進んでいない分野である。都心を中心にこのような地域団体の機能が弱まっている地域もある一方、地方ではまだ従来の地縁団体が地域活動の基盤組織である地域は多い。また、特に災害等の緊急時には、このような地縁団体の意思決定が、避難所運営等に大きく影響することが多い。自治会・町内会を束ねる地域の組織や、地方公共団体の所管部局と連携して、この課題に対処していくことが必要である。

本章では、防災・災害復興にかかわる先進の取組として、（公財）せんだい男女共同参画財団とNPO法人イコールネット仙台の事例を紹介する。仙台市では、女性の主体的な市民活動とネットワーク形成の素地があることが、復興の取組の充実に影響していると考えられる。震災時には、双方が連携しつつ被災した女性のニーズ把握と支援を行った。現在は、それぞれに女性リーダー育成を行っている。

コラムの男女共同参画と災害・復興ネットワークの取組は、地域の枠を超えた国内および国際的なネットワークを構築し、活用する事例である。

1 被災女性に寄り添った支援を経て、地域に参画する女性リーダーを育成

（公財）せんだい男女共同参画財団と特定非営利活動法人イコールネット仙台の取組

取組の概要

仙台市男女共同参画推進センター（以下「センター」という）は、エル・パーク仙台（以下「エル・パーク」という）とエル・ソーラ仙台（以下「エル・ソーラ」という）の2館からなる。エル・パークでは、センター内にある「市民活動スペース」の管理運営を、女性センター建設に向けた

運動にかかわった女性たちが立ち上げた「特定非営利活動法人イコールネット仙台」(以下「イコールネット」という)に委託している。市民活動支援をセンターと市民団体が協働で行うためのこのような協力関係は特徴的であり、エル・パーク仙台と市民団体のつながりをより深くしている。

　平成23年の東日本大震災では、これらの日常の女性たちのつながりが有機的に機能した。エル・パークやエル・ソーラを女性支援の拠点として、イコールネット等が協力し、避難所や仮設住宅での女性のニーズを迅速に汲み取り、洗濯代行を行ったり、それぞれが語り合いの場を拠点や現地で提供する等、男女共同参画の視点が考慮されていない被災現場での支援に駆け回った。

　エル・パークでは、平成27年の第3回国連防災世界会議でパブリック・フォーラムの「女性と防災」テーマ館となる等、男女共同参画の視点に立った防災のまちづくりを推進してきた。震災を通して、地域の女性リーダー育成の必要性をあらためて認識し、平成28年度からは、リーダー養成を開始した。一方、イコールネットでも、平成25年度から地域防災リーダーの養成を行っており、修了生が各地域でネットワークをつくって活動を始めている。

2館で1つの仙台市男女共同参画推進センター

　センターは、エル・パークとエル・ソーラの2館からなり、平成15年度から公益財団法人せんだい男女共同参画財団(以下「財団」という)が指定管理者として運営している。平成25年度からは、仙台市母子家庭相談支援センター事業および配偶者暴力相談支援センター事業も市から受託しており、これらはエル・ソーラにて実施している相談事業のなかに位置づけ、シングルマザーや離婚、DV被害の相談、自立を包括的に支援している。エル・ソーラではこの他、企業で働く女性リーダーの育成に力を注ぐ他、若年無業女性対象の講座を実施するなど、幅広い層の女性に対して事業を展開している。東日本大震災以降は特に、女性が意思決定過程に参画することの必要性を重視し、既存の男性型リーダーにとらわれない女性リーダーを育成することで、社会全体の女性の困難を解決していく土壌をつくることを共通の目標として事業に取り組んでいる。

　一方、エル・パークは、市民活動の支援を主な役割としてきたが、震災以降は、これに加え、防災にかかわる事業を担っている。エル・パーク内にある「市民活動スペース」は、男女共同参画を推進するNPOや団体・グループの活動拠点として設置された共用のフリースペースである。情報コーナーには、活動する団体や男女共同参画等に関する情報が整理されて提供されている。この「市民活動スペース」の管理運営は、女性センター建設に向けた運動にかかわった女性たちが立ち上げたイコールネットに委託されている。市民活動や男女共同参画にかかわる情報の整理・提供や、利用者からの相談への対応も含めた委託であるため、イコールネットは、活動する市民とセンターをつなぐ大きな役割を果たしている。イコールネットと財団では、月1回の定期的な打ち合わせに加え、日頃から市民団体の情報等を共有し、市民団体がかかわる事業を実施する際には、企画段階から協力して進めている。

災害復興に向けた女性への支援

　平成 23 年の東日本大震災では、被災直後から、財団では、エル・パークやエル・ソーラを拠点として、被災女性への支援に取り組んできた[3]。3 月 29 日には「女性の悩み災害時緊急ダイヤル」を立ち上げ、ホームページには「被災したわたしたちが“今、ここ”をのりきるために」という被災女性支援のためのサイトを開設し、女性支援の情報や女性の声を発信した。4 月 5 日には、人が集まり話せる、少しでもほっとできる場所を提供するため、被害の少なかったエル・ソーラの一部を「こころと暮らしの立ち直りを支援するスペース」として開館した。ここでは、新聞のクリッピング掲示によるボランティアや物資支援の情報提供や、メッセージカードの掲示板の設置も行った。

　センターを拠点とした被災女性の支援では、先に述べたような財団と市民団体や女性たちの日常のつながりが有機的に機能した。その 1 つが洗濯代行「せんたくネット」の取組である。仙台市内の避難所は、主に小中学校に開設され、洗濯機がなく、男女別の物干しもなかったため、下着等を安心して干す場所がなかった。そこで、財団では、女性が女性の洗濯物を預かって洗濯・乾燥して本人に戻す洗濯代行サービスを始めることにし、イコールネットも協力して取り組んだ。家庭で洗濯をするボランティアを募ると、約 280 名の希望者が集まった。財団の職員とイコールネットのメンバーは、洗濯物を回収してまた届けるため、避難所を駆け回った。

　洗濯代行サービスのために避難所を何度も訪れるなかで、新たな女性のニーズを汲み取り、変化する状況に応じた支援を広げていった。財団では、自分に合うサイズの下着がなく、特にサニタリーショーツがないという声に応えて、全国から下着を募る「ブラ・サニタリーを届けよう！」を企画・実施した。また、大人の女性と子供のはざまで中高生に必要な支援が届いていないのではないかという思いから、全国から 10 歳代の女子に向けて、物資ではなくプレゼントを募り、「ティーンズの女子会」を開催して選んでもらう企画「MDG ガールズプロジェクト～女子による女子のための震災ピアサポート」を、女子大学や専門学校と協力して実施した。

　イコールネットと財団は、それぞれに被災女性の語り合いの場の提供も行った。イコールネットは、仮設住宅の集会所や児童館、公民館等で、子育て中の母親や義父母と同居する女性（嫁）、障害者、行政職員等の対象別に「語り合いサロン」を開いた。一方、財団では、生活の場や地域コミュニティを離れ、周りに気がねなく安心して自分の感情を出せる場の提供として、センターで語り合いの場やカフェ事業「エル・パークカフェ」を行った。

　イコールネットは、震災前の平成 20 年に「災害時における女性のニーズ調査」を実施しており、提言活動を行う等、男女共同参画の視点で防災・災害復興のテーマに取り組んでいた。震災後の平成 23 年には、宮城県内 3,000 人の女性を対象に、「東日本大震災に伴う『震災と女性』に関する調査」を実施した。翌年には、この調査の一環として、県内 40 名の被災女性を対象とした

3　財団の被災女性支援の取組については、せんだい男女共同参画財団ホームページ「せんだい男女共同参画財団の被災女性支援」参照。
http://www.sendai-l.jp/support/

聞き取り調査を実施、さらに震災から5年が経過した平成28年には、この40名のうち協力を得られた20名に再度聞き取りを行い、被災女性たちの見えにくい現状を明らかにした[4]。

主体的な市民活動の基礎にある社会学級の学び

これまで見てきたような財団とイコールネットの協働や、震災後の女性たちによる支援活動、また後述する女性防災リーダーの市内における活動の広がり等、女性たちがネットワークをうまく活かし、課題解決に向けた活動を積極的に進める実践を可能にしている背景の1つには、仙台市の「社会学級」のしくみがあると考えられる。「社会学級」は、市の教育局生涯学習課が所管する、市立小学校を拠点とした大人のための学習活動の場であり、実際には学習者のほとんどは女性となっている[5]。現在もこの制度を持っている地方公共団体はほとんどなく、仙台市の市民の学習の特徴といえる。「社会学級」が、学習者が自分たちで自主的に学習を企画し、主体的に学習組織を運営する制度であることが、このしくみのなかで学習した女性たちの「市民力」を高めている（高橋ほか2015）。

イコールネットの代表である宗片恵美子さんも、「社会学級」をきっかけに学びを深め、男女共同参画推進の課題に取り組んできた。自分たちで立てた学習計画にそって学習するなかで、宗片さんは、特に男女共同参画にかかわるテーマに関心を持ち、各社会学級の委員長が集まる全市的な組織である社会学級研究会等で知り合った女性たちとグループを結成し、イコールネットが委託を受ける以前のエル・パークを拠点とした活動を始めた。市民が主体的に学び、学びを活動を活かすしくみが、多くの女性グループが育つ基盤をつくり、震災という非常事態にもその力を発揮したといえる。

地域に参画する女性リーダーの育成①　（公財）せんだい男女共同参画財団

震災を通して、財団、イコールネットともに、地域において女性が意思決定の場に参画することの重要性を再認識し、リーダー養成を開始している。それぞれのプログラムは、大きな目標は同じであるが、プログラムの内容や目標へのアプローチ方法が異なる。それぞれについて、概要を紹介する。

男女共同参画社会の実現を目指し、女性の意思決定の場への参画を推進してきた財団は、東日本大震災の経験から、その取組がまだまだ足りなかった現実を突きつけられた。震災の翌年に開催された「日本女性会議2012　仙台」では、大会テーマを「きめる・うごく　東北（ここ）から」とし、あらゆる場・あらゆるレベルの意思決定の場に女性が参画することの必要性を発信した。「女性たちには、決める権利と共に、動く力も責任もある」ことを発信してから4年後の平成

4　これらは、特定非営利活動法人イコールネット仙台編2013『東日本震災に伴う「震災と女性」に関する調査 聞き取り集「40人の女性たちが語る東日本大震災」』および、特定非営利活動法人イコールネット仙台編2016『聞き取り集「40人の女性たちが語る東日本大震災」―その後「今」、そして「これから」』にまとめられている。

5　「社会学級」の詳細については、仙台市教育局生涯学習課ホームページ参照。
http://www.city.sendai.jp/shogaigakushu/kurashi/manabu/kyoiku/inkai/joho/otonamuke/shakai.html

28年、財団は、新しい人材育成事業の取組を始めた。女性が持つリーダーシップを地域で発揮するための研修事業「決める・動く」である。5年間で100人の参加を目標とし、参加者同士のネットワークの構築を目指す。

「決める・動く」は、先行して開発・実施されている企業の女性管理職候補人材育成プログラム「仙台女性リーダー・トレーニング・プログラム」[6]と共通する内容を取り入れ、市民活動向けに企画したものである。

「日本女性会議2012仙台」特別プログラム 女性たちが語る3.11

参加者同士による双方の学び合いと「分かる」を「できる」にする実践的なトレーニング内容を特徴としている。プログラムの概要は以下のとおり。

実施期間：平成28年7月30日（土）～12月10日（土）（全7日間、約24時間）

対　　象：女性20名（町内会やPTA、社会学級など地域で活動している人、NPOや市民グループ、ボランティア団体に所属し、活動している人、地域でこれから活動を始めたいと考えている人）※地域団体やNPO等からの推薦で参加する人を優先し、そのうえで抽選により決定

参 加 費：15,000円（参考図書、宿泊費含む）

女性と防災まちづくり「決める・動く2016」プログラム

日程	時間	プログラム	会場
7月30日（土）	13:30-16:00	オリエンテーション／個別目標の設定	エル・パーク仙台
8月27日（土）	9:00	仙台駅出発 【交流プログラム】石巻市 ＜昼食＞ 南三陸ホテル観洋着	宿泊研修 南三陸ホテル観洋
	13:00-17:00	【講義・実践】「自分の『強み』を活かす」 自分の「強み」を見つけるストレングスファインダー（米国ギャラップ社が開発したツール）を使用。目標達成に向けて、自分の資質を理解し「強み」につなげます。	
	18:30-20:00	【夕食／交流会】	

6　「仙台女性リーダー・トレーニング・プログラム2015」については、飯島（2016）参照。

8月28日(日)	8:45-9:45	語り部バスによる被災地見学	南三陸ホテル観洋
	10:30-12:00	【ワークショップ】ネットワークを使いこなす ネットワークはつくって終わりではありません。貢献するからこそ支えられるネットワークづくりを目指します。 <昼食> 南三陸町発	
	16:00	仙台駅着	
9月17日(土)	9:30-10:00	前回プログラムの振り返り	エル・パーク仙台
	10:00-12:00	【講義・実践】「人を巻き込むコミュニケーション」 周囲の人をどのように巻き込み、関係性に働きかけるのか。グループマネジメントのためのコミュニケーション力を磨きます。	
	12:00-12:30	ディスカッション	
10月22日(土)	9:30-10:00	前回プログラムの振り返り	エル・パーク仙台
	10:00-12:00	【講義・実践】「提案に説得力を持たせる論理思考①」 相手を納得させるために、活動への想いを裏付けるデータや根拠を示し、論理的に説明する力をつけます。	
	12:00-12:30	ディスカッション	
11月12日(土)	9:30-10:00	前回プログラムの振り返り	エル・パーク仙台
	10:00-12:00	【講義・実践】「提案に説得力を持たせる論理思考②」	
	12:00-12:30	ディスカッション	
12月10日(土)	9:30-12:30	研修成果報告 交流会	エル・パーク仙台

　プログラムの構成を見ると、防災まちづくりがテーマであるが、女性が自身のリーダーシップを見出し、効果的に発揮するために必要なマネジメント力（ネットワーク力、コミュニケーション力、論理的思考力）の強化を目指した内容であることがわかる。できていないことよりも、できていることに着目し、自信に裏打ちされた参加者それぞれのリーダーシップを発揮できるよう支援するプログラムである。プログラムを進めるなかで、参加者とともに新しいリーダー像を創出し、その取組の発信によって、女性たちの多様なリーダーシップの可視化につなげている。

参加者募集の際には、地域での参画や実践の取組が実現できるように工夫した。同じ団体からの複数名参加を推奨し、2人目からの参加費を割引とした。さらに、地域団体やNPO等の推薦がある申込者を優先とした。このような条件をつけたのは、講座の学びを地域に還元する参加者のモチベーションを高めることを目的としている。また、防災まちづくりの活動を率先して行い、意思決定過程にかかわっていくには、女性リーダーが町内会等の地域団体と協力的な関係をつくっていくことも重要と考え、市の町内会を管轄する各区のまちづくり推進課に相談しながら、プログラム開発を試みた。

地域に参画する女性リーダーの育成②　イコールネット仙台

　イコールネットは、地域防災の担い手となる女性の人材を養成するため、平成25年度から「女性のための防災リーダー養成講座」の実施を始めた。平成26・27年度も年1回実施し、第3期までで100名余が受講した。平成27年度のプログラムは以下のとおりである。

　実施期間：平成27年6月6日（土）～7月26日（土）（全5日、いずれも13:30-16:00）
　対　　象：仙台市居住の女性30名、仙台市外居住の女性若干名
　　　　　　講座に全回参加できる人
　参 加 費：無料

第3期「女性のための防災リーダー養成講座」

	日　　時	内　　容
1	6月6日（土） 13:30 ～ 16:00	防災・減災と男女共同参画
2	6月16日（火） 13:30 ～ 16:00	仙台市地域防災計画を知ろう 仙台市危機管理室　ほか
3	6月30日（火） 13:30 ～ 16:00	震災後の心のケアに取り組む
4	7月14日（火） 13:30 ～ 16:00	震災で何が起きているか　DVと児童虐待
5	7月26日（日） 13:30 ～ 16:00	「災害時、こんな時の対応は…」ワークショップ 女性防災リーダーネットワーク

　財団の講座と比べてもわかるように、プログラムは、防災に特化した内容を多様な観点から学ぶものであることがわかる。参加者は、全回に参加して、修了後には実際に居住地域で防災活動をすることを条件としている。したがって、聴講するだけで活動する予定のない人は受講しない。即戦力として地域で活動していける人材を養成するため、あえて平日の日中に参加できる人を対象とした。

講座修了生は「女性防災リーダーネットワーク」を形成しており、図表Ⅱ-5-1の組織図に見るように、同じ居住区ごとにグループを立ち上げ、活動を始めている。それぞれの地域性に合った企画を考えて、男女共同参画の視点に立った防災のまちづくりにかかわる講座を実施している。イコールネットは、各企画に講師として協力する等している。養成講座では、このネットワーク、つまり修了生たちが次期の講座の運営を担当し、経験を積む場とするとともに、受講生たちの学びの循環をつくっている。

図表Ⅱ-5-1 「女性防災リーダーネットワーク」組織図

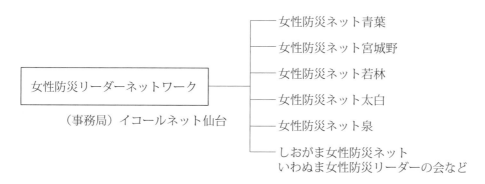

特定非営利活動法人イコールネット仙台 宗片恵美子氏作成資料をもとに作成

仙台市では、危機管理室が主催する「仙台市地域防災リーダー養成講習会」も開催されており、イコールネット代表理事の宗片さんは、修了生に、この講習会も受講するよう勧めている。この講習会は、応募時に、各区の連合町内会長協議会からの推薦を必要とし、講習修了者には認定証を授与しているため、この講習会を修了するほうが、町内会からの信用を得やすく、活動に参画していきやすいと考えた。宗片さんたちが市と交渉したため、現在は、推薦と一般公募の募集方法となっている。

「女性のための防災リーダー養成講座」の様子

仙台を拠点とした国内外の防災にかかわるネットワークの広がり

活動する女性たちや財団のネットワークは、市内だけにとどまらない。全国および海外の女性たちのつながりを大切にし、活かしながら防災・復興の取組を広げている。

財団では、震災後の女性リーダー養成等の取組を、平成24～28年「ノルウェー基金事業」

として実施している。「ノルウェー基金事業」とは、ノルウェー王国の支援により設立された「東日本大震災復興のための女性リーダーシップ基金」（支援金額約2,000万円）の用途について、同国と仙台市、財団が締結した協定に基づいて、事業の実施者である財団が組み立てたものである。この大きな基金事業が実施されるに至ったノルウェーと仙台とのつながりは、女性グループの小さな交流をきっかけとしたものであった。市内の女性グループ「クリスティンさんを招く会・仙台」とノルウェー国会議員の交流（平成11年）や、「ノルウェーに学ぶ会」の発足および市の助成での視察（平成12年）、財団の助成による当グループの女性リーダー育成にかかわる翻訳書の出版（平成16年）、財団による北欧視察（平成16年）等のかかわりが積み重ねられ、現在の協力関係に至っている[7]。

平成24年10月には、「日本女性会議2012仙台」を「きめる、うごく、東北（ここ）から」をテーマに開催、また平成27年3月には、第3回国連防災世界会議において、エル・パークが「女性と防災」テーマ館となりシンポジウムを主催する等、女性たちの多様なリーダーシップを発信した。その他にも、被災3県の男女共同参画センターや、特定非営利活動法人全国女性会館協議会等とのネットワークを活用した事業も積み重ねており、仙台を拠点とした様々な規模の多様な機関とのつながりを広げ、深めながら防災・復興の取組を進めている。

「第3回国連防災世界会議」1周年イベント（各地域の女性防災リーダーが一堂に会してのシンポジウム）

【参考文献】

- 飯島絵理, 2016, 「女性の活躍推進の新たな実践――具体的な取組と事例 コラム4」国立女性教育会館編『地域における女性の活躍推進 実践ガイドブック』, 54-56.
- 高橋満・朴賢淑・中野弘樹, 2015, 「市民力を育む社会教育の仕組み」『東北大学大学院教育学研究科研究年報』第63集 第2号, 45-65.

---

7 「ノルウェー基金事業」の詳細については、公益財団法人地域創造基金さなぶり編2016『東日本大震災復興のための女性リーダーシップ基金 事業報告書2012-2016』公益財団法人せんだい男女共同参画財団 参照。

コラム COLUMN5

防災・災害復興およびレジリエンスの構築に向けた政策の提言
男女共同参画と災害・復興ネットワークの取組

男女共同参画と災害・復興ネットワーク事務局長
大野　曜

　2011年3月11日の東日本大震災の被災地における避難所等で女性の声がほとんど反映されない状況を見て、私たちは、前年（2010年）12月に策定された第3次男女共同参画基本計画の「災害と地域社会における男女共同参画」の検証が必要だと考えました。ここに男女共同参画と災害・復興ネットワーク（以下「JWNDRR」という）の活動の基本があります。

　震災後直ちに被災地の支援と実情調査に福島・宮城県に赴いた堂本暁子さん、原ひろ子さんの報告を聞き、6月11日にシンポジウムを開催する計画を立て、全国の女性団体や個人に呼び掛け実行委員会を立ち上げました。シンポジウムの準備と並行して、日本政府の復興構想会議委員15人のうち女性は1人、「復興構想7原則」当初案に男女共同参画に関する記述がゼロ等の復興政策に対する緊急要望を提出し、男女共同参画の視点を取り入れるよう政策提言活動を行いました。

　2011年6月11日、日本学術会議講堂で開かれた『「災害・復興と男女共同参画」6.11シンポジウム〜災害・復興に男女共同参画の視点を〜』では、政策提言すべき具体的な課題が数多く提起されました。これをもとに政策提言・ロビー活動を活発に行い、東日本大震災復興基本法、復興構想会議の提言に男女共同参画の視点が明記されました。

　実行委員会は、シンポジウムの報告書を東京大学社会科学研究所から刊行し、解散しました。堂本暁子実行委員長は、継続的な政策提言と監視活動の必要を感じ、男女共同参画と災害・復興ネットワークの結成を呼び掛け、実行委員会に参加していた団体・個人の

6.11シンポジウムの様子

多くが賛同して、2011年12月1日に発足しました。この間も、継続的にロビー活動は行われ、2012年2月に設置された復興庁に、男女共同参画班が設けられました。2012年3月に開かれた第56回国連女性の地位委員会(CSW)に日本政府が初めて提案した決議「自然災害におけるジェンダー平等と女性のエンパワメント」の背景には6.11シンポジウム報告書があります。

　この5年間の活動を、政策提言活動、人材育成、多様なネットワークの構築の3点からご紹介します。

政策提言活動
(1) シンポジウム等の開催と要望書の提出
　JWNDRRは、6.11シンポジウムの精神を引き継ぎ、毎年6月にシンポジウムを開催し、内閣総理大臣等関係大臣に要望書を提出しています。

　内閣府が作成した「男女共同参画の視点に立った災害・復興への取組指針」の作成過程や男女共同参画基本計画の策定については、公聴会に参加した他、意見書や要望書を提出して、災害・復興におけるジェンダーの主流化に努めています。

(2) 第3回国連防災世界会議と「仙台防災枠組2015-2030」
　2013年5月に国連防災戦略機構(以下「UNISDR」という)がジュネーブで開催した第3回グローバル・プラットフォームで、第3回国連防災世界会議(以下「WCDRR3」という)が2015年3月に仙台市で開催されることが決定されました。ここから、WCDRR3に向けての私たちの学習が始まりました。

　2014年6月には、ラウンドテーブル「第3回国連防災世界会議に向けて　政策提言‐ジェンダーと多様性の視点に立った政策を考える‐」を、UNISDR駐日事務所、仙台市との連携で開催しました。ジェンダーと災害の専門家であるハワイ大学のシェリル・アンダーソン博士を招聘し、まとめは「仙台提言」と名づけ、1週間後にタイで開かれた第6回アジア防災閣僚会議に配布し、日本政府代表のスピーチにも取り入れられました。

　その後の世界会議準備会合では、国連における女性主要グループ(WMG)の一員として活動し、日本政府代表団に女性の参画と人材育成の重要性を訴えました。

　2015年3月、仙台で開催されたWCDRR3で採択された「仙台防災枠組2015-2030」には、多様なステークホルダー(関係者)の参画と共に女性のリーダーシップとエンパワメントが明記されました。

　WCDRR3 関連事業・パブリック・フォーラムを会期中の 3 月 18 日に、(公財) 日本女性学習財団と共同で開催しました。テーマは「女性の力で変革を―男女共同参画と災害リスク削減―」、堂本代表から「なぜ女性が変革の主体となることが重要なのか」の基調提案、地域での活動事例発表、海外専門家の研修や指標についての基調講演、さらに参加者によるリレートークが行われました。参加者は、海外 8 か国 8 人、国内 217 人の計 225 人(参加 11 か国、男性 21 人)と報道 9 社 11 人でした。

ジェンダーの視点に立った防災リーダーの育成
(1) 人材育成国際専門家会合
　2014 年 10 月、人材育成のための国際専門家会議を東京で開催しました。
　ハワイ大学のアンダーソン博士に加えてアメリカ・コロラドのエレイン・エナーソン博士、静岡大学の池田恵子教授、国際協力機構(以下「JICA」という)の田中由美子国際協力専門員等、内外の専門家の参加を得ました。JICA の人材育成の現状と課題について議論し、まとめ(本郷提言)を作成し、直ちに外務大臣に要望書を提出しました。これは、女性のリーダー育成とエンパワメントをキーワードに、JICA の国際協力事業、仙台防災枠組等に取り入れられています。英文と和文の「災害に強い社会を実現するために　女性の力で変革を　防災力強化のためのトレーニング計画」を刊行し、WCDRR3 の会場で配布しました。

(2) 人材育成国内プログラム検討会
　人材育成国際専門家会合で議論された防災リーダーのトレーニング計画の日本国内におけるプログラムを検討するため、外部専門家を加えた検討会を東京で開催しました。検討会メンバーは、次に紹介する東北 3 県の女性・男女共同参画センターが開催する事業検討会に出席して被災地の状況や復興途上の地域の課題等とあわせ、日本における防災リーダーの育成プログラムの充実に寄与しています。

(3) 女性・男女共同参画センターにおける人材育成プログラム
　第 2 回国連防災世界会議(2005 年)で採択された兵庫行動枠組を反映させた第 2 次男女共同参画基本計画では、新たに取組を必要とする領域の 1 つに「防災」を挙げ、女性・男女共同参画センターは、リーダー研修プログラムに取り入れていました。東北で災害・復興に取り組んでいる 3 センターに協力を依頼し、災害に強い地域社会の構築に資する女性防災リーダーの育成プログラムの検討と実施を委託しました。

①もりおか女性センター(NPO法人参画プランニングいわて)
　避難所運営ガイドラインを用いて各地域独自のマニュアルを作成する研修プログラムを開発し、地域の自治会や町内会にも呼びかけ、多様性への配慮を実習、さらに受講者が次の研修に協力者として参加し、リーダーシップの育成につないでいます。

②仙台市男女共同参画センター(公益財団法人せんだい男女共同参画財団)
　テキスト「みんなのための避難所づくり」を作成した女性防災リーダーを中心に市内全域で女性防災リーダーワークショップを開催し、受講者が地域で実践できるような環境醸成を行っています。

③福島県男女共生センター(公益財団法人福島県青少年育成・男女共生推進機構)
　自治体・大学・福祉医療関係者による「災害とジェンダーに関する人材育成プログラム検討委員会」を設け、地域のリーダー層対象の研修を行い、継続的な研修プログラムの実施のための連携協力の基盤づくりを行いました。

多様なネットワークの構築

(1) 国際的なネットワーク

　世界会議の準備会合で出会った各国のジェンダーと災害の活動家とは、女性主要グループ(以下「WMG」という)として意見交換とロビー活動を行いました。原副代表は、政府間会議においてWMGを代表して演説しました。WMGの中心的な役割を担う女性の環境と開発機構(WEDO)、1997年に設立されたGender and Disaster Network(GDN)、南アジアのDuryog Nivaranなどとは、災害・復興にジェンダーの視点が十分生かされていないことが国際的な課題であると共有しています。

　2016年6月、ベトナムでUN Womenが主催した「ジェンダーと災害に関するアジア太平洋地域会議」にJWNDRRが招聘され、大野事務局長が人材育成について報告しました。

(2) 市民組織との連携

　2014年1月、WCDRR3に向けて日本CSOネットワークが設立され、市民団体との連携が始まり、共同代表に堂本代表が就任しました。国連の会議と並行して市民防災世界会議を開催しました。2015年8月、解散し、改めて防災・減災日本CSOネットワークが結成され、10月からジェンダー・多様性小委員会を設け、勉強会を企画・実施しています。

(3) 世界津波の日記念国際シンポジウムの開催

　東日本大震災からの復興では、地域社会から自治体、国に至るまで政府、民間、大学、NPO、市民社会、女性、高齢者、子供、障害のある人々など、多様な主体や組織の参加・連携が、レジリエントな復興まちづくりに必要であることが明らかになってきています。日本が提唱し国連により採択された世界津波の日（11月5日）を記念して、国際シンポジウムを開催するため、政府機関、民間企業、市民組織等による実行委員会を立上げました。海外の被災地の市民団体や有識者を招聘し、防災・災害リスク削減におけるジェンダー・多様性の視点から、東日本大震災での経験も交えて、課題、現状、改善のあり方、国際的な取組について議論、提言するシンポジウムは、10月27日、世界銀行東京事務所を会場に開催され、100人を超える参加者がありました。土木学会公益信託学術交流基金、国際交流基金アジアセンターの助成を受けて開催され、災害リスク削減をソフトとハードの観点から考え、ジェンダーと合意形成がキーワードとなっています。

成果と課題

　JWNDRRは、2016年12月満5年を迎えました。都道府県の防災会議等への女性の参加率は、2012年の4.6%から2015年には13.2%に増加しました。しかし、女性が委員になったからといって必ずしも女性のニーズが政策に反映されているとはいえません。ジェンダー・男女共同参画の視点に立った具体的な提案が求められています。障害者や高齢者、在住外国人等々災害弱者といわれる人々の政策決定への参加が必要であり、多様な人々との連携・協力は、具体的な活動や行動を通してこそ強化されます。

　女性・男女共同参画センターは地域の男女共同参画の拠点としての役割が期待されています。平時に男女共同参画が実現していなければ、災害・復興に男女共同参画の視点を入れることは困難だということがこの5年間で実感されました。防災・復興を切り口として男女共同参画の実現を目指すことが、必要ではないでしょうか。

JICA東京研修所で国際研修参加者と堂本暁子代表

資 料

第4次男女共同参画基本計画〔概要〕

女性の職業生活における活躍の
推進に関する法律（女性活躍推進法）〔概要〕

第4次男女共同参画基本計画〔概要〕

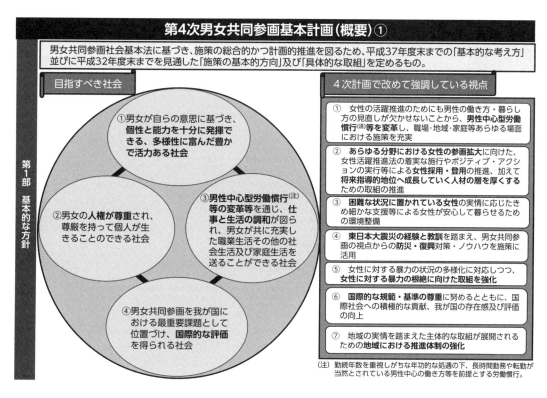

資料

第4次男女共同参画基本計画（概要）③

第2部 施策の基本的な方向と具体的な取組	政策領域Ⅰ あらゆる分野における女性の活躍	① 男性中心型労働慣行等の変革と女性の活躍	・働き方等の改革（長時間労働削減・ＩＣＴ利活用など、家事・育児・介護等への参画に向けた環境整備） ・男女共同参画に関する男性の理解の促進、ポジティブ・アクションの推進による男女間格差の是正 ・女性の活躍に影響を与える社会制度・慣行の見直し（税制、社会保障制度等）
		② 政策・方針決定過程への女性の参画拡大	・「30％」達成に向け、さらに踏み込んだポジティブ・アクションの推進 ・政治・司法・行政・経済分野における女性の参画拡大 ・各分野（地域、農山漁村、科学技術・学術、医療、教育、メディア、防災・復興、国際）における女性の参画拡大
		③ 雇用等における男女共同参画の推進と仕事と生活の調和	・M字カーブ問題解消等に向けたワーク・ライフ・バランス等の実現 ・均等な機会・待遇の確保対策の推進（マタハラ等の根絶含む）、ポジティブ・アクションの推進等による男女間格差の是正 ・非正規の処遇改善、再就職・起業支援等
		④ 地域・農山漁村、環境分野における男女共同参画の推進	・地域における女性の活躍推進に向けた環境の整備 ・農山漁村における女性の参画拡大や女性が働きやすい環境の整備
		⑤ 科学技術・学術における男女共同参画の推進	・女性研究者・技術者が働き続けやすい研究環境の整備 ・女子学生・生徒の理工系分野の選択促進及び理工系人材の育成
	政策領域Ⅱ 安全・安心な暮らしの実現	⑥ 生涯を通じた女性の健康支援	・生涯を通じた健康支援、性差に応じた健康支援、妊娠・出産等に関する健康支援 ・医療分野における女性の参画拡大
		⑦ 女性に対するあらゆる暴力の根絶	・予防と根絶のための基盤整備、配偶者等からの暴力、ストーカー事案、性犯罪、子どもに対する性的な暴力、売買春、人身取引、メディアにおける性・暴力表現への対策
		⑧ 貧困、高齢、障害等により困難を抱えた女性等が安心して暮らせる環境の整備	・貧困など生活上の困難に直面する女性等への支援（ひとり親家庭、子供・若者の自立） ・高齢者・障害者・外国人等が安心して暮らせる環境の整備
	政策領域Ⅲ 男女共同参画社会の実現に向けた基盤の整備	⑨ 男女共同参画の視点に立った各種制度等の整備	・働きたい人が働きやすい中立的な税制・社会保障制度・慣行、家族に関する法制等の検討 ・育児・介護の支援基盤の整備
		⑩ 教育・メディア等を通じた意識改革、理解の促進	・国民的広がりを持った広報・啓発の展開 ・男女共同参画の教育・学習の充実等
		⑪ 男女共同参画の視点に立った防災・復興体制の確立	・防災施策への男女共同参画の視点の導入 ・東日本大震災からの復興施策への男女共同参画の視点の導入 ・国際的防災協力
		⑫ 男女共同参画に関する国際的な協調及び貢献	・女子差別撤廃条約等の国際的な規範、国際会議等における議論への対応 ・男女共同参画に関する分野における国際的なリーダーシップの発揮
	Ⅳ 推進体制の整備・強化		・国内本部機構の強化、男女共同参画の視点を取り込んだ政策の企画立案及び実施（予算編成に向けた調査審議等） ・地方公共団体や民間団体等における取組の強化

内閣府男女共同参画局ホームページより抜粋
http://www.gender.go.jp/about_danjo/basic_plans/4th/pdf/gaiyo.pdf

女性の職業生活における活躍の推進に関する法律 （女性活躍推進法）〔概要〕

女性の職業生活における活躍の推進に関する法律の概要

　自らの意思によって職業生活を営み、又は営もうとする女性の個性と能力が十分に発揮されることが一層重要。このため、以下を基本原則として、女性の職業生活における活躍を推進し、豊かで活力ある社会の実現を図る。

➢ 女性に対する採用、昇進等の機会の積極的な提供及びその活用と、性別による固定的役割分担等を反映した職場慣行が及ぼす影響への配慮が行われること

➢ 職業生活と家庭生活との両立を図るために必要な環境の整備により、職業生活と家庭生活との円滑かつ継続的な両立を可能にすること

➢ 女性の職業生活と家庭生活との両立に関し、本人の意思が尊重されるべきこと

基本方針等の策定

- 国は、女性の職業生活における活躍の推進に関する基本方針を策定（閣議決定）。
- 地方公共団体（都道府県、市町村）は、上記基本方針等を勘案して、当該区域内における女性の職業生活における活躍についての推進計画を策定（努力義務）。

事業主行動計画の策定等

- 国は、事業主行動計画の策定に関する指針を策定。
- 国や地方公共団体、民間事業主は以下の事項を実施。
  （労働者が300人以下の民間事業主については努力義務）

  > ➢ 女性の活躍に関する状況の把握、改善すべき事情についての分析
  > 　【参考】状況把握する事項：①女性採用比率　②勤続年数男女差
  > 　　　　　　　　　　　　　　③労働時間の状況　④女性管理職比率等
  > ➢ 上記の状況把握・分析を踏まえ、定量的目標や取組内容などを内容とする
  > 　「事業主行動計画」の策定・公表等（取組実施・目標達成は努力義務）
  > ➢ 女性の活躍に関する情報の公表
  > 　（省令で定める事項のうち、事業主が選択して公表）

- 国は、優れた取組を行う一般事業主の認定を行うこととする。

女性の職業生活における活躍を推進するための支援措置

- 国は、職業訓練・職業紹介、啓発活動、情報の収集・提供等を行うこととする。地方公共団体は、相談・助言等に努めることとする。
- 地域において、女性活躍推進に係る取組に関する協議を行う「協議会」を組織することができることとする（任意）。

その他

- 原則、公布日施行（事業主行動計画の策定については、平成28年4月1日施行）。
- 10年間の時限立法。

■資料

女性の職業生活における活躍の推進に関する法律の概要（民間事業主関係部分）

1 基本方針等

▶ 国は、女性の職業生活における活躍の推進に関する基本方針を策定(閣議決定)。
▶ 地方公共団体(都道府県、市町村)は、上記基本方針等を勘案して、当該区域内における推進計画を策定(努力義務)。

2 事業主行動計画等

※①～③について大企業(301人以上):義務／中小企業(300人以下):努力義務

① 自社の女性の活躍に関する状況把握・課題分析

> ✎ 状況把握の必須項目 (省令で規定)
> ①女性採用比率 ②勤続年数男女差 ③労働時間の状況 ④女性管理職比率
> ※任意項目についてさらに検討(例:非正規雇用から正規雇用への転換状況等)

② 状況把握・課題分析を踏まえた行動計画の策定・届出・公表
(指針に即した行動計画を策定・公表(労働者への周知含む))

> ✎ 行動計画の必須記載事項
> ▶目標(定量的目標) ▶取組内容 ▶実施時期 ▶計画期間

> ※衆議院による修正により、取組実施・目標達成の努力義務が追加

③ 女性の活躍に関する情報公表

> ✎ 情報公表の項目 (※省令で規定)
> 女性の職業選択に資するよう、省令で定める情報(限定列挙)から事業主が
> 適切と考えるものを公表

④ 認定制度

> ✎ 認定基準(省令)は、業種毎・企業規模毎の特性等に配慮し、今後検討

⑤ 履行確保措置
厚生労働大臣(都道府県労働局長)による報告徴収・助言指導・勧告

－行動計画策定指針(告示)－

▶ 国は、事業主行動計画の策定に関する指針を策定。

▶ 女性の活躍のために解決すべき課題に対応する以下の項目に
関する効果的取組等を規定。

▶ 各企業は、これらを参考に自社の課題解決に必要な取組を選
択し、行動計画を策定。

● 女性の積極採用に関する取組

● 配置・育成・教育訓練に関する取組

● 継続就業に関する取組

● 長時間労働是正など働き方の改革に向けた取組

● 女性の積極登用・評価に関する取組

● 雇用形態や職種の転換に関する取組(パート等から正規雇用
へ、一般職から総合職へ等)

● 女性の再雇用や中途採用に関する取組

● 性別役割分担意識の見直し等職場風土改革に関する取組

---

3 その他 (施行期日等)

▶地域において、女性活躍推進に係る取組に関する協議を行う「協議会」を組織することができることとする(任意)。
▶原則、公布日施行(事業主行動計画の策定については、平成28年4月1日施行)。 ▶10年間の時限立法。

厚生労働省ホームページより抜粋
http://www.mhlw.go.jp/file/06-Seisakujouhou-11900000-Koyoukintoujidoukateikyoku/0000095826.pdf

執筆者一覧

森　ます美　昭和女子大学人間社会学部教授（第Ⅰ部第1章）

荻野　亮吾　東京大学高齢社会総合研究機構特任助教（第Ⅰ部第2章）

高林　直人　静岡県くらし・環境部県民生活局男女共同参画課主査（第Ⅰ部第3章）

中野　洋恵　国立女性教育会館研究国際室長（第Ⅰ部第4章）

飯島　絵理　国立女性教育会館研究国際室研究員（第Ⅰ部第5章、第Ⅱ部、本書のねらいと構成）

千葉銀行ダイバーシティ推進部（第Ⅱ部コラム1）

国保　祥子　博士（経営学）／静岡県立大学講師／

　　　　　　株式会社ワークシフト研究所所長／育休プチMBA代表（第Ⅱ部コラム2）

大津　愛梨　NPO法人田舎のヒロインズ理事長（第Ⅱ部コラム3）

野依　智子　公立大学法人福岡女子大学教授（第Ⅱ部コラム4）

大野　曜　男女共同参画と災害・復興ネットワーク事務局長（第Ⅱ部コラム5）

165

地域連携による女性活躍推進の実践

持続可能な地域づくりに活かす行政と民間のつながり

2017 年 3 月 30 日　初版第 1 刷発行

編　　集　　独立行政法人国立女性教育会館
発 行 人　　佐藤 裕介
編 集 人　　冨永 彩花
発 行 所　　株式会社 悠光堂
　　　　　　〒104-0045 東京都中央区築地 6-4-5 シティスクエア築地 1103
　　　　　　電話：03-6264-0523　FAX：03-6264-0524
装　　丁　　中野 多恵子
制　　作　　渡辺 桂
印刷・製本　　中和印刷株式会社

無断複製転写を禁じます。定価はカバーに表示してあります。

乱丁本・落丁本は発売元にてお取替えいたします。

ISBN978-4-906873-89-0　C3036

ⓒ2017 National Women's Education Center, Printed in Japan